赵威后问齐使（《战国策》）

齐王使使者问赵威后。书未发，威后问①使者曰：「岁亦无恙耶？民亦无恙耶？王亦无恙耶？」使者不说②，曰：「臣奉使使威后，今不问王而先问岁与民，岂先贱而后尊贵者乎？」威后曰：「不然。苟无岁，何以有民？苟无民，何以有君？故③有舍本而问末者耶？」

乃进而问之曰：「齐有处士④曰钟离子，无恙耶？是其为人也，有粮者亦食，无粮者亦食；有衣者亦衣，无衣者亦衣。是助王养其民者也，何以至今不业也？叶阳子⑤无恙乎？是其为人，哀鳏寡，恤孤独，振⑥困穷，补不足。是助王息其民者也，何以至今不业也？北宫之女婴儿子无恙耶⑦？彻其环瑱⑧，至老不嫁，以养父母。是皆率民而出于孝情者也，胡为至今不朝也？此二士弗业，一女不朝，何以王齐国，子万民乎？于陵子仲⑨尚存乎？是其为人也，上不臣于王，下不治其家，中不索交诸侯，此率民而出于无用者，何为至今不杀乎？」

注释

①问：聘问，当时诸侯之间的一种礼节。
②说：通「悦」，开心。
③故：通「顾」，反而之意。
④处士：未做官或不做官的士人。
⑤叶阳子：齐国的处士。
⑥振：通「赈」，救济。
⑦北宫：复姓。婴儿子，是其名。
⑧环瑱：耳环和戴在耳垂上的玉。
⑨于陵子仲：于陵，地名；子仲，人名。

点评

本文之奇，在于通篇只是记言，既无一句人物外貌、举止、行为、心态之类的描写，也无任何环境烘托或细节刻画，只通过七次提问，就鲜明而传神地勾画出一位洞悉别国政治民情、明察贤愚是非、具有高度民本主义思想的女政治家形象。写七问又非一气连问，而是笔法富于变化顿挫。「通篇以民为主，直问到底，而文法各变，全于用虚字处著神。问固奇，而心亦热，末一问，胆识尤过人。」

庄辛①论幸臣②（《战国策》）

「臣闻鄙语曰：『见兔而顾犬，未为晚也；亡羊而补牢，未为迟也。』臣闻昔汤、武以百里昌，桀、纣以天下亡。今楚国虽小，绝长续短，犹以数千里，岂特百里哉？

「王独不见夫蜻蛉③乎？六足四翼，飞翔乎天地之间，俯啄蚊虻而食之，仰承甘露而饮之，自以为无患，与人无争也。不知夫五尺童子，方将调饴④胶丝，加己乎四仞⑤之上，而下为蝼蚁食也。

『夫蜻蛉其小者也，黄雀因是以⑥。俯噣⑦白粒⑧，仰栖茂树，鼓翅奋翼。自以为无患，与人无争也；不知夫公子王孙，左挟弹，右摄丸，将加己乎十仞之上，以其类为招⑨。昼游乎茂树，夕调乎酸咸⑩，倏忽之间，坠于公子之手。

『夫雀其小者也，黄鹄⑪因是以。游于江海，淹乎大沼，俯噣（鳝）鲤，仰啮陵衡⑫，奋其六翮⑬，而凌清风，飘摇乎高翔，自以为无患，与人无争也。不知夫射者，方将修其碆卢⑭，治其矰缴⑮，将加己乎百仞之上。被礛磻⑯，引微缴，折清风而抎⑰矣。故昼游乎江河，夕调乎鼎⑱鼐⑲。

『夫黄鹄其小者也，蔡灵侯⑳之事因是以。南游乎高陂，北陵乎巫山，饮茹溪㉑流，食湘波之鱼，左抱幼妾，右拥嬖女，与之驰骋乎高蔡㉒之中，而不以国家为事。不知夫子发㉓方受命乎宣王，系己以朱丝而见之也。

『蔡灵侯之事其小者也，君王之事因是以。左州侯，右夏侯，辇从鄢陵君与寿陵君，饭封禄之粟，而戴方府之金，与之驰骋乎云梦之中，而不以天下国家为事。不知夫穰侯㉔方受命乎秦王㉕，填黾塞㉖之内，而投己乎黾塞之外。』

注释

①庄辛：楚臣，楚庄王的后代。楚怀王被骗死在秦国，襄王继位，『淫逸侈靡，不顾国政』，庄辛于是进谏。

②幸臣：君主宠爱的臣子。

③蜻蛉：即蜻蜓。

④饴：糖浆，粘汁。

⑤仞：八尺，或说七尺。

⑥黄雀因是以：黄雀仍然是这样啊。即不以蜻蜓为鉴。因，犹。是，此。以，通『已』，语助词。

⑦噣：同『啄』。

⑧白粒：米。

⑨招：招诱，即靶子，自身成为射击的目标。

⑩调乎酸咸：用酸咸调味，指被烹煮。

⑪黄鹄：俗名天鹅。

⑫衡：通『蘅』，水草。

⑬六翮：翅膀。翮，本指羽毛的茎，代指鸟翼。

⑭碆卢：石镞。即石制箭头。卢，上了黑漆的弓。

⑮矰缴：捕鸟的用具。

⑯礛磻：锋利的石镞。

⑰抎：同「陨」，坠落。

⑱鼎：古代烧煮食物的器具。

⑲鼐：大型的鼎。

⑳蔡灵侯：蔡国的国君，名班。公元前五三一年被楚灵王诱杀。蔡国在今河南省上蔡县。

㉑茹溪：源出巫山，在四川省巫山县以北。

㉒高蔡：上蔡。

㉓子发：楚大夫。

㉔穰侯：魏冉，秦昭王舅父封于穰。

㉕秦王：指秦昭王。

㉖黾塞：在今河南信阳县西南平靖关，当时是楚国北部的要塞。所以黾塞之内是指楚国境内，黾塞之外是指秦国。

点评

庄辛见到楚襄王，大胆直言襄王终日与幸臣为伍，淫逸奢靡，不顾国政，郢都必危。襄王不但不听庄辛的忠言劝告，反而恶语相向，庄辛预料楚国必亡，于是避祸于赵国。秦果然攻克郢、巫、上蔡、陈之地，襄王流亡藏匿在城阳，楚国几乎遭到亡国之祸。于是，楚王痛定思痛，派人招回庄辛。庄辛又以从小到大、由物及人、从普通人到诸侯，直到楚襄王本身的比喻，层层深入地告诫楚襄王为王的道理。结果楚襄王封庄辛为成陵君，并用庄辛之计重新收复了淮北之地。

庄辛以浅显生动、寓含深刻的层层比喻，以及前喻后正的手法，告诫楚襄王不能只图享乐，而应励精图治，「以天下国家为重」，否则必将招致严重后患的道理。这样层层设喻，不但具有生动的艺术效果，而且有强大的逻辑力量，使文章具有不可思议的魅力。

触龙说赵太后（《战国策》）

赵太后①新用事②，秦急攻之。赵氏求救于齐，齐曰：「必以长安君③为质④，兵乃出。」太后不肯，大臣强谏。太后明谓左右：「有复言令长安君为质者，老妇必唾其面。」

左师⑤触龙言见太后，太后盛气而揖⑥之。入而徐趋，至而自谢，曰：「老臣病足，曾不能疾走，不得见久矣。窃自恕，而恐太后玉体之有所郄⑦也，故愿望见太后。」太后曰：「老妇恃辇而行。」曰：「日食饮得无衰乎？」曰：「恃粥耳。」曰：「老臣今者殊不欲食，乃自强步，日三四里，少益耆⑧食，和于身。」太后曰：「老妇不能。」太后之色少解。

左师公曰：「老臣贱息⑨舒祺，最少，不肖；而臣衰，窃爱怜之。愿令得补黑衣⑩之数，以卫王宫。没死⑪以闻。」太后曰：「敬诺。年几何矣？」对曰：「十五岁矣。虽少，愿及未填沟壑⑫而托之。」太后曰：「丈夫亦爱怜其少子乎？」对曰：「甚于妇人。」太后笑曰：「妇人异甚。」对曰：「老臣窃以为媪之爱燕后⑬贤于长安君。」曰：「君过矣！不若长安君之甚。」左师公曰：「父母之爱子，则为之计深远。媪之送燕后也，持其踵⑭，为之泣，念悲其远也，亦哀之矣。已行，非弗思也，祭祀必祝之，祝曰：「必勿使反⑮。」岂非计久长，有子孙相继为王也哉？」太后曰：「然。」

左师公曰：「今三世以前⑯，至于赵之为赵⑰，赵王之子孙侯者，其继有在者乎？」曰：「无有。」曰：「微独⑱赵，诸侯有在者乎？」曰：「老妇不闻也。」「此其近者祸及身，远者及其子孙。岂人主之子孙则必不善哉？位尊而无功，奉厚而无劳，而挟重器⑲多也。今媪尊长安君之位，而封之以膏腴之地，多予之重器，而不及今令有功于国，一旦山陵崩⑳，长安君何以自托于赵？老臣以媪为长安君计短也，故以为其爱不若燕后。」太后曰：「诺，恣君之所使之。」

于是为长安君约车百乘，质于齐，齐兵乃出。

子义㉑闻之，曰：「人主之子也，骨肉之亲也，犹不能恃无功之尊，无劳之奉，而守金玉之重也，况人臣乎！」

注释

① 赵太后：赵惠文王威后，赵孝成王之母。

② 用事：执政，当权。

③ 长安君：赵太后幼子的封号。

④ 质：古代诸侯国求助于别国时，每以公子抵押，即人质。

⑤ 左师：春秋战国时宋、赵等国官制，有左师、右师，为掌实权的执政官。

⑥ 揖：辞让。

⑦ 有所郄：是身体有所不正常的委婉说法。郄，通「隙」。

⑧ 耆：通「嗜」，喜爱。

⑨ 贱息：对自己儿子的谦称。

⑩ 黑衣：赵国侍卫所服，用以指代宫廷卫士。

⑪ 没死：冒着死罪。臣对君的谦卑用语。

⑫ 填沟壑：对自己「死」的谦称。自比为贱民奴隶，野死弃尸于溪谷。

⑬ 燕后：赵太后之女，远嫁燕国为后。

⑭ 踵：足跟。女嫁乘舆辇将行，母不忍别，在车下抱其足而泣。

⑮ 反：同「返」。古代诸侯嫁女于他国为后，若非失宠被废、夫死无子、或亡国失位，是不回国的。

⑯ 三世以前：指赵武灵王。孝成王之父为惠文王，惠文王之父为武灵王。

⑰ 赵之为赵：前「赵」指赵氏，周穆王赐造父以赵城，始有赵氏，后「赵」指赵国。公元前三七六年，魏、韩、赵三家灭晋分其地。赵国有今山西中部、陕西东北角、河北西南部等地。经赵武灵王至惠文王时，疆域又有所扩大。

⑱微独：非独，不仅，不单。微，非，不。

⑲重器：指象征国家权力的贵重器皿。

⑳山陵崩：喻帝王死，此处指赵太后死。

㉑子义：赵国贤人。

点评

秦国急攻赵国，赵国求救于齐，而齐国却要求让长安君到齐国做人质。溺爱孩子、缺乏政治远见的赵太后不肯答应这个条件，说『有复言令长安君为质者，老妇必唾其面』。面对此情此景，深谙说话艺术的左师触龙并没有像别的朝臣那样一味地犯颜直谏，批逆龙鳞，而是察言观色，相机行事。他站在客观事实的角度，步步诱导，旁敲侧击，明之以实，晓之以理。全部对话无一字涉及人质，但又句句不离人质，迂回曲折，循循善诱，于不知不觉之中，使太后怒气全消，幡然悔悟，明白了怎样才是疼爱孩子的道理，高兴地安排长安君到齐国做人质。所谓语言的艺术，功夫其实在语言之外。

鲁仲连义不帝秦（《战国策》）

秦围赵之邯郸。魏安釐王①使将军晋鄙救赵。畏秦，止于荡阴，不进。

魏王使客将军②辛垣衍间入邯郸，因平原君谓赵王曰：『秦所以急围赵者，前与齐闵王争强为帝③，已而复归帝，以齐故。今齐闵王益弱，方今唯秦雄天下，此非必贪邯郸，其意欲求为帝。赵诚发使尊秦昭王为帝，秦必喜，罢兵去。』平原君犹豫未有所决。

此时鲁仲连适游赵，会秦围赵，闻魏将欲令赵尊秦为帝，乃见平原君曰：『事将奈何矣？』平原君曰：『胜也何敢言事！百万之众折于外④，今又内围邯郸而不去。魏王使客将军辛垣衍令赵帝秦。今其人在是。胜也何敢言事！』鲁连曰：『始吾以君为天下之贤公子也，吾乃今然后知君非天下之贤公子也。梁客辛垣衍安在？吾请为君责而归之⑤。』平原君曰：『胜请为召而见之于先生。』

平原君遂见辛垣衍，曰：『东国有鲁连先生，其人在此，胜请为绍介⑥，而见之于将军。』辛垣衍曰：『吾闻鲁连先生，齐国之高士也。衍，人臣也，使事有职⑦，吾不愿见鲁连先生也。』平原君曰：『胜已泄之矣。』辛垣衍许诺。

鲁连见辛垣衍而无言。辛垣衍曰：『吾视居此围城之中者，皆有求于平原君者也。今吾视先生之玉貌⑧，非有求于平原君者，曷为久居此围城之中而不去也？』鲁连曰：『世以鲍焦无从容而死者，皆非也⑨。今众人不知，则为一身⑩。彼秦，弃礼仪而上首功⑪之国也，权使其士，虏使其民⑫。彼则肆然而为帝，过而遂正于天下，则连有赴东海而死耳，吾不忍为之民也！所为见将军者，欲以助赵也。』辛垣衍曰：『先生助之奈何？』鲁连曰：『吾将使梁及燕助之，齐、楚固助之矣。』辛垣衍曰：『燕则吾请以从矣；若乃梁，则吾乃梁人也，先生恶能使梁助之耶？』鲁连曰：『梁未睹秦称帝之害故也；使梁睹秦称帝之害，则必助赵矣。」辛垣衍曰：「秦称帝之害将奈何？」鲁仲连曰：「昔齐威王尝为仁义矣，率天下诸侯而朝周，周贫且微，诸侯莫朝，而齐独朝之。居岁余，周烈王崩，诸侯皆吊，齐后往。周怒，赴于齐曰：『天崩地坼⑬，天子下席⑭，东藩之臣田婴齐后至，则斮⑮之。』威王勃然怒曰：『叱嗟！而母，婢也！』卒为天下笑。故生则朝周，死则叱之，诚不忍其求也。彼天子固然，其无足怪！」

辛垣衍曰：「先生独未见夫仆乎？十人而从一人者，宁力不胜、智不若邪？畏之也。」鲁仲连曰：「然梁之比于秦，若仆邪？」辛垣衍曰：「然。」鲁仲连曰：「然则吾将使秦王烹醢梁王！」辛垣衍怏然不悦曰：「嘻！亦太甚矣，先生之言也！先生又恶能使秦王烹醢梁王？」鲁仲连曰：「固也⑯！待吾言之。昔者鬼侯、鄂侯、文王，纣之三公也。鬼侯有子而好，故入之于纣，纣以为恶，醢鬼侯。鄂侯争之急，辨之疾，故脯⑰鄂侯。文王闻之，喟然而叹，故拘之于牖里⑱之库百日，而欲令之死。曷为与人俱称帝王，卒就脯醢之地也？

「齐闵王将之鲁⑲，夷维子⑳执策而从，谓鲁人曰：『子将何以待吾君？』鲁人曰：『吾将以十太牢待子之君。』夷维子曰：『子安取礼而来待吾君？彼吾君者，天子也。天子巡狩㉑，诸侯避舍㉒，纳筦键㉓，摄衽抱几㉔，视膳㉕于堂下，天子已食，退而听朝也。』鲁人投其籥㉖，不果纳㉗，不得入于鲁。将之薛，假途于邹。当是时，邹君死，闵王欲入吊，夷维子谓邹之孤曰：『天子吊，主人必将倍殡柩㉘，设北面于南方，然后天子南面吊也。』邹之群臣曰：『必若此，吾将伏剑而死。』故不敢入于邹。邹、鲁之臣，生则不得事养，死则不得饭含㉙，然且欲行天子之礼于邹、鲁之臣，不果纳。今秦万乘之国，梁亦万乘之国，俱据万乘之国，交有称王之名，睹其一战而胜，欲从而帝之，是使三晋之大臣不如邹、鲁之仆妾也。且秦无已而帝㉚，则且变易诸侯之大臣。彼将夺其所谓不肖，而予其所谓贤；夺其所憎，而予其所爱。彼又将使其子女谗妾㉛，为诸侯妃姬，处梁之宫，梁王安得晏然㉜而已乎？而将军又何以得故宠乎？」

于是辛垣衍起，再拜，谢曰：「始以先生为庸人，吾乃今日而知先生为天下之士也！吾请去，不敢复言帝秦！」

秦将闻之，为却军五十里。适会公子无忌夺晋鄙军以救赵击秦，秦军引而去。

于是平原君欲封鲁仲连，鲁仲连辞让者三，终不肯受。平原君乃置酒，酒酣，起前以千金为鲁连寿。鲁连笑曰：「所贵于天下之士者，为人排患、释难、解纷乱而无所取也。即有所取者，是商贾之人也，仲连不忍为也。」遂辞平原君而去，终身不复见。

注释

① 魏安釐王：战国时魏国国君，魏昭王之子。

② 客将军：原籍不在魏国而在魏国为将，故称客将军。

③ 争强为帝：周赧王二十七年，齐闵王与秦昭王同时称帝。

④百万之众折于外：指秦赵长平之役（前二六〇年），秦军大破赵军，赵降卒四十万被坑杀，百万是夸大的说法。折，损伤。内，深入国都。

⑤归之：使之归，即让他回去。

⑥绍介：即介绍。

⑦使事有职：任出使之事，有一定的职守。

⑧玉貌：仪容相貌，古代称人的敬辞。

⑨本句意：世上那些认为鲍焦由于心胸狭隘而死的人，都是不对的。鲍焦：春秋时的隐士，因为不满当时的社会，抱树绝食而死。无从容：指心地不开阔。

⑩今众人不知，则为一身：现在一般人不理解鲍焦，认为他只是为自身（而死的）。一说此二句意为：一般人不懂得坚持大义，只是为了个人打算。

⑪上首功：崇尚战功。上，同「尚」。首功，以作战时斩获敌人首级多少来计功。

⑫权使其士，虏使其民：运用权诈之术来使唤士人，像对待奴隶一样来役使百姓。权，权诈，权术。

⑬天崩地坼：比喻天子死。坼，裂。

⑭下席：指孝子守丧时离开宫室，寝于苫席之上。

⑮斮：斩。

⑯固也：当然。

⑰脯：肉干。这里指一种古代酷刑，做成肉干。

⑱牖里：或作「羑里」，在今河南省汤阴县北。

⑲齐闵王将之鲁：公元前二八四年，燕将乐毅率五国之师攻齐，闵王逃奔到卫，因态度傲慢，「卫人侵之」。又逃到邹、鲁，因意气骄人，「邹、鲁弗内」。齐闵王曾称东帝，在逃难途中，犹且如此傲慢无礼。鲁仲连引此说明帝秦之害。

⑳夷维子：齐闵王之臣，以邑为姓氏。策：马鞭。

㉑巡狩：指天子视察诸侯国。

㉒避舍：把自己的宫室让给天子，自己避居在外。

㉓纳筦键：意把管理权交给天子。筦键，钥匙。

㉔摄衽抱几：提起衣襟，侍立于几案之侧。摄，提。衽，衣襟。抱，环。几，古代设在桌侧的座侧的小桌子。

㉕视膳：伺候进餐。

㉖投其籥：指闭关下锁。投，合。

㉗不果纳：没有接纳。果，表示行为已成事实。

㉘倍殡柩：把灵柩移到相反的方向，即从北面移到南面。倍，同「背」。

㉙饭含：古时殡礼，把米放在死者口中叫「饭」，把珠玉放在死者口中叫「含」。

⑨嗛：同『慊』，满足，舒服。

⑩易牙：即雍巫，字易牙，长于调味，甚得桓公亲幸，桓公死后，曾作乱。

⑪煎、熬、燔、炙：几种烹饪方法。燔，烤肉。炙，熏烤。

⑫五味：指甜、酸、苦、辣、咸五味。

⑬南之威：美女名，亦称『南威』。

⑭楚王：楚昭王。

⑮强台：亦作『荆台』，又叫『章华台』，楚灵王所造，在今湖北监利县西北。

⑯崩山：一作『崇山』、『猎山』，在今湖北省京山县东。

⑰高台陂池：泛指园林建筑，游乐场所。陂池，池塘。

⑱主君：尊称国君。

⑲尊：同『樽』，酒器。

⑳白台、闾须：都是美女名。

㉑夹林、兰台：魏国园林建筑。

㉒相属：相连，指接连不断。

点评

向君王谏言要选择时间、地点和道具。在美酒、美味、美女、美景俱在的情况下，鲁共公以上述事物为现成道具，历数过去君王大禹与美酒、齐桓公与美味、晋文公与美女南之威、楚灵王与美景楼台的典故和他们留给后人的警言。事例生动，人物话语逼真，足以收到巨大的说服效果。

文章短小精悍，结构严整，笔法简练，以祝酒辞的形式，却说出事关国家兴亡的大道理，劝讽有力，含义深刻。句式整齐而富于变化，前后对应，有繁有简。笔法之妙，不可言喻。

唐雎①说信陵君（《战国策》）

信陵君杀晋鄙②，救邯郸，破秦人，存赵国，赵王自郊迎。

唐雎谓信陵君曰：『臣闻之曰：事有不可知者，有不可不知者；有不可忘者，有不可不忘者。』信陵君曰：『何谓也？』对曰：『人之憎③我也，不可不知也；吾憎人也，不可得而知也。人之有德④于我也，不可忘也；吾有德于人也，不可不忘也。今君杀晋鄙，救邯郸，破秦人，存赵国，此大德也。今赵王自郊迎，卒然⑤见赵王，愿君之忘之也。』信陵君曰：『无忌谨受教⑥。』

注释

①唐雎：战国时代魏国著名策士。为人有胆有识，忠于使命，不畏强权。

⑤秦灭韩亡魏：秦国灭了韩国和魏国。

⑥以君为长者，故不错意也：把安陵君看作忠厚长者，所以不打他的主意。错，通「措」，安放，安置。

⑦请广于君：让安陵君扩大领土。广，扩充。

⑧直：只，仅仅。

⑨怫然：盛怒的样子。

⑩伏尸：使尸体倒下。

⑪布衣：平民。古代没有官职的人都穿布衣服，所以称布衣。

⑫免冠徒跣：摘掉帽子，光着脚。跣，赤足。

⑬以头抢地：把头往地上撞。

⑭庸夫：平庸无能的人。

⑮专诸之刺王僚也，彗星袭月：专诸刺杀吴王僚（的时候），彗星的尾巴扫过月亮。

⑯聂政之刺韩傀也，白虹贯日：聂政刺杀韩傀（的时候），一道白光直冲上太阳。

⑰要离之刺庆忌也，仓鹰击于殿上：要离刺杀庆忌（的时候），苍鹰扑到宫殿上。仓，通「苍」，青色。

⑱怀怒未发，休祲降于天，与臣而将四矣：心里的愤怒还没发作出来，上天就降示了征兆。（专诸、聂政、要离）加上我，将成为四个人了。这是唐雎暗示秦王，他将效仿专诸、聂政、要离三人，刺杀秦王。休，吉祥。祲，不祥。

⑲缟素：白色的丝织品，这里指穿丧服。

⑳秦王色挠：秦王变了脸色。挠，屈服。

㉑长跪而谢之：长跪，古人席地而坐，两膝着地，臀部压在脚跟上。如果跪着则耸身挺腰，身体就显得高（长）起来，所以叫「长跪」。谢，认错，道歉。

点评

本文写秦国灭掉魏国之后，想以「易地」之名占领安陵，唐雎为此出使秦国，折服秦王的故事。秦王自以为无人敢触其锋芒，而唐雎居然敢在老虎头上猛击一掌。秦王被激怒，于是以「天子之怒」相威胁，而唐雎则针锋相对以「布衣之怒」奋起抗争。唐雎以布衣侠士为榜样，挺剑而起以死相拼，迫使秦王屈服。

作者充分调动了对比、夸张等艺术手段以烘托气氛，同时对二人的情态举止的变化略加点染，强化冲突，精心营造戏剧性的惊心动魄的场面，成功地刻画出唐雎不畏强暴的个性。在矛盾冲突过程中展示人物性格变化的轨迹，是本文一个鲜明的特点。

乐毅报燕王书（《战国策》）

臣不佞①，不能奉承先王②之教，以顺左右之心，恐抵③斧质之罪④，以伤先王之明，而又害于足下之义，故遁逃奔赵。自负以不肖之罪，故不敢为辞说。今王使使者数⑤之罪，臣恐侍御者⑥之不察先王之所以畜幸[7]臣之理，而又不白[8]于臣之所以事先王之心，故敢以书对。

臣闻贤圣之君，不以禄私其亲，功多者授之；不以官随其爱，能当者处之。故察能而授官者，成功之君也；论行而结交者，立名之士也。臣以所学者观之，先王之举错[9]，有高世之心，故假节于魏王[10]，而以身得察于燕。先王过举，擢之乎宾客之中，而立之乎群臣之上，不谋于父兄，而使臣为亚卿[11]。臣自以为奉令承教，可以幸无罪矣，故受命而不辞。

先王命之曰：『我有积怨深怒于齐，不量轻弱，而欲以齐为事。』臣对曰：『夫齐霸国之余教[12]也，而骤胜之遗事[13]也，闲[14]于兵甲，习于战攻。王若欲攻之，则必举天下而图之。举天下而图之，莫径[15]于结赵矣。且又淮北、宋地，楚魏之所同愿[16]也。赵若许，约楚魏宋[17]尽力，四国攻之，齐可大破也。』先王曰：『善。』臣乃口受令，具符节，南使臣于赵。顾反命[18]，起兵随而攻齐。以天之道，先王之灵，河北之地，随先王举而有之于济上[19]。济上之军奉令击齐，大胜之。轻卒锐兵，长驱至国[20]。齐王逃遁走莒[21]，仅以身免。珠玉财宝，车甲珍器，尽收入燕。大吕[22]陈于元英，故鼎反于历室[23]，齐器设于宁台[24]。蓟丘[25]之植植于汶皇[26]。自五伯[27]以来，功未有及先王者也。先王以为惬其志，以臣为不顿[28]命，故裂地而封之[29]，使得比乎小国诸侯。臣不佞，自以为奉令承教，可以幸无罪矣，故受命而弗辞。

臣闻贤明之君，功立而不废，故著于《春秋》[30]；早知之士，名成而不毁，故称于后世。若先王之报怨雪耻，夷[31]万乘[32]之强国，收八百岁[33]之蓄积，及至弃群臣之日，余令诏后嗣之遗义，执政任事之臣，所以能循法令、顺庶孽[34]者，施及萌隶[35]，皆可以教于后世。

臣闻善作者不必善成，善始者不必善终。昔者伍子胥[36]说听乎阖闾，故吴王远迹至于郢；夫差弗是也，赐之鸱夷而浮之江[37]。故吴王夫差不悟先论之可以立功，故沉子胥而不悔。子胥不早见主之不同量，故入江而不改[38]。夫免身全功，以明先王之迹者，臣之上计也。离[39]毁辱之非，堕先王之名者，臣之所大恐也。临不测之罪，以幸为利者，义之所不敢出也。

臣闻古之君子，交绝不出恶声[40]；忠臣之去也，不洁其名[41]。臣虽不佞，数奉教于君子矣。恐侍御者之亲左右之说，而不察疏远之行也，故敢以书报。唯君之留意焉。

注释

① 不佞：不才，自谦无能之辞。
② 先王：指昭王。
③ 抵：触犯。
④ 斧质之罪：死罪。质，通『锧』，腰斩时用的砧板。
⑤ 数：数说。
⑥ 侍御者：犹左右，借指惠王。
⑦ 幸：亲爱。

⑧不白：不明白。

⑨举错：举动措施。

⑩假节于魏王：借用魏昭王的使臣节到燕国。

⑪亚卿：次卿。

⑫霸国之余教：春秋时齐桓公建立霸业，到战国时还保存霸业的教导。

⑬骤胜之遗事：屡次战胜的事迹。骤，屡次。

⑭闲：通「娴」，熟习。

⑮径：快，速。

⑯同愿：楚欲得淮北，魏欲得宋，皆为齐所占领。双方目的相同。

⑰「宋」字疑衍。

⑱顾反命：刚回来覆命，言神速。反，同「返」。

⑲济上：济水之上，指山东北部地方。

⑳国：齐国都临淄（在今山东）。

㉑莒：地名，在今山东。

㉒大吕：齐钟名。

㉓元英、历室：皆燕宫名。在宁台下。

㉔宁台：在今河北宛平县。

㉕蓟丘：在今河北宛平县。

㉖植：竖豆的旗帜。汶皇（篁）：齐国汶水上的竹田。

㉗五伯：春秋五霸，指齐桓公、晋文公、宋襄公、秦穆公、楚庄王。

㉘顿：犹坠。

㉙裂地而封之：封乐毅为昌国君。昌国在今山东淄川县。

㉚《春秋》：记载春秋时代鲁国历史的编年体著作。

㉛夷：平定。

㉜万乘：能出一万辆兵车，指大国。

㉝八百岁：从姜尚开始建立齐国，到齐湣王，约历时八百年。

㉞庶孽：非嫡妻所生之子。庶孽容易作乱，应使之顺从。

㉟施及萌隶：教令推行到百姓和徒隶。萌，通氓，百姓。

㊱伍子胥：名员，春秋楚人。父奢兄尚，皆以无罪被楚平王所杀。子胥奔吴，佐吴王阖闾攻入楚郢都（在今湖北江陵县）。

㊲阖闾子吴王夫差败越，越请和，子胥谏不听。夫差迫子胥自杀，把尸体盛在鸱夷里，投入江中。鸱夷，革囊。

㊳不改：《史记·伍子胥传》作「不化」。「言子胥怨恨，故虽投江而神不化，犹为波涛之臣也。」

㊴离：通「罹」，遭遇。

㊵交绝不出恶声：指不说己长而谈彼短。

㊶不洁其名：指不毁其君而自洁。

点评

燕昭王用乐毅为上将军，联合五国的军队攻破齐国。后来燕国中了齐国的反间计，乐毅被迫出逃，齐人大破燕军。燕惠王因而写信给乐毅，乐毅写这封信来回答。

乐毅针对燕惠王来信中说的「何以报先王之所以遇将军之恩」，从两方面予以回答：一，写他为了报先王知遇之恩，作了详尽规划，再率军队彻底报了积怨。二，考虑到「善作者不必善成，善始者不必善终」，所以「负身全功，以明先王之迹」，免得「离毁辱之非，堕先王之名」，从而保留先王知人之明。这第二点正是对惠王责备自己的「弃燕归赵」的回答。所谓「君子交绝不出恶声，忠臣之去也不洁其名」，他在回答第二点时只用典而不点破，正是「不出恶声」；他不避「遁逃奔赵」，正是「不洁其名」。

这封信措辞极为婉转得体，又恰到好处地显示出自己的善于谋划，善于用兵，以及善于全身保名。靠君臣知遇来建功立业，是古代不少有才能的人的愿望，所以这封信成为历代所传诵的名篇。

谏逐客书（李斯）

臣闻吏议逐客，窃以为过①矣。昔穆公②求士，西取由余③于戎，东得百里奚④于宛，迎蹇叔⑤于宋，求丕豹⑥、公孙支⑦于晋。此五人者，不产于秦，而穆公用之，并国二十⑧，遂霸西戎。孝公⑨用商鞅⑩之法，移风易俗，民以殷盛，国以富强，百姓乐用，诸侯亲服，获楚、魏之师⑪，举地千里，至今治强。惠王⑫用张仪⑬之计，拔三川之地，西并巴蜀，北收上郡⑭，南取汉中，包九夷，制鄢郢⑮，东据成皋⑯之险，割膏腴之壤，遂散六国之从，使之西面事秦，功施到今。昭王⑰得范雎，废穰侯⑱，逐华阳⑲，强公室，杜私门，蚕食诸侯，使秦成帝业。此四君者，皆以客之功。由此观之，客何负于秦哉？向使四君却客而不内⑳，疏士而不用，是使国无富利之实，而秦无强大之名也。

今陛下致昆山㉑之玉，有随和之宝㉒，垂明月之珠㉓，服太阿㉔之剑，乘纤离㉕之马，建翠凤㉖之旗，树灵鼍之鼓㉗。此数宝者，秦不生一焉，而陛下说㉘之，何也？必秦国之所生然后可，则是夜光之璧不饰朝廷，犀象之器不为玩好，郑魏之女不充后宫，而骏马駃騠㉙不实外厩，江南金锡不为用，西蜀丹青不为采。所以饰后宫、充下陈㉚、娱心意、说耳目者，必出于秦然后可，则是宛珠之簪㉛、傅玑之珥㉜、阿缟㉝之衣、锦绣之饰不进于前，而随俗雅化㉞佳冶窈窕赵女不立于侧也。夫击瓮叩缶、弹筝搏髀㉟而歌呼呜呜快耳目者㉕，真秦之声也。郑卫桑间㊱、韶虞武象㊲者，异国之乐也。今弃击瓮而就郑卫，退弹筝而取韶虞，若是者何也？快意当前适观而已矣。

今取人则不然，不问可否，不论曲直，非秦者去，为客者逐，然则是所重者在乎色乐珠玉，而所轻者在乎人民也，此非所以跨海内制诸侯之术也。臣闻地广者粟多，国大者人众，兵强则士勇。是以泰山不让土壤，故能成其大；河海不择细流，故能就其深；王者不却众庶，故能明其德。是以地无四方，民无异国，四时充美，鬼神降福，此五帝三王㊳之所以无敌也。今乃弃黔首㊴以资敌国，却宾客以业㊵诸侯，使天下之士，退而不敢西向，裹足不入秦，此所谓藉寇兵而赍㊶盗粮者也。夫物不产于秦可宝者多，士不产于秦而愿忠者众。今逐客以资敌国，损民以益仇，内自虚而外树怨于诸侯，求国之无危，不可得也。

注释

①过：错。

②穆公：春秋秦君，姓嬴，名任好，都雍（今陕西凤翔县）。

③由余：春秋晋人。入戎，戎王命出使秦国，为秦穆公所用。献策攻戎，开境千里，使穆公称霸。

④百里奚：春秋楚人，字井伯，为虞大夫。虞亡，走宛，为楚人所执。秦穆公闻其名，以五羖（公羊）皮赎他，用为相。

⑤蹇叔：春秋时人，居宋，穆公迎为大夫。

⑥丕豹：春秋晋人，父丕郑为晋惠公所杀，因奔秦，穆公用为大夫。

⑦公孙支：秦人，游晋，后归秦，穆公用为大夫。荐孟明于穆公，为人所称。

⑧并国二十：指用由余而攻占的西戎二十部落。

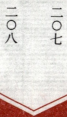

⑨孝公：战国秦君，名渠梁。在位二十四年。

⑩商鞅：即公孙鞅，战国卫人，仕魏为中庶子。入秦，说孝公变法，为左庶长。定变法令，废井田，开阡陌，倡农战，使国富兵强。封于商，称商君。孝公死，为惠王所杀。

⑪获楚、魏之师：商鞅率兵攻魏，虏公子卬，大破魏军。魏献河西地于秦。

⑫惠王：秦孝公子，名驷。用张仪为相，使司马错灭蜀，又夺取楚汉中地六百里，始称王，在位二十七年。

⑬张仪：战国魏人，与苏秦同师鬼谷子，同为纵横家。苏秦主合纵，合六国拒秦。张仪相秦惠王，主连横，散六国合纵，使六国西向事秦。

⑭北收上郡：惠王十年，魏献上郡（今陕西省北部）十五县。

⑮鄢郢：在今湖北宜城县。

⑯成皋：在今河南汜水县。

⑰昭王：战国秦武王弟，名稷。并西周，用范雎为相。

⑱穰侯：魏冉，秦昭王母宣太后的异父同母弟。昭王即位，年少，宣太后用冉执政，封为穰侯。

⑲华阳：芈戎，宣太后弟，封华阳君。华阳，在今陕西商县。

⑳内：同『纳』。

㉑昆山：即昆冈，出宝玉，在于阗（今属新疆）。

㉒随和之宝：相传春秋时随侯救了受伤的大蛇，后蛇于江中衔大珠以报，称随珠。春秋时楚人卞和得璞，剖璞得宝玉，琢为璧，称和璧。

㉓明月之珠：即夜光珠。

㉔太阿：春秋时楚王命欧冶子、干将铸龙渊、太阿、工布三宝剑。

㉕纤离：良马名。

㉖翠凤：用翡翠羽毛作成凤形装饰的旗子。

㉗灵鼍之鼓：用扬子鳄皮制成的鼓。

㉘说：同『悦』。

㉙駃騠：北狄良马。

㉚下陈：犹后列。

㉛宛珠之簪：用宛（今河南南阳县）地的珠来装饰的簪。簪，定发髻的长针。

㉜傅玑之珥：装有玑的耳饰。玑，不圆的珠。

㉝阿缟：东阿（在今山东）出产的丝织品。

㉞随俗雅化：随着世俗使俗变为雅。

㉟搏髀：拍大腿以节歌。

㊱郑卫桑间：《礼·乐记》『郑卫之音，乱世之音也，比于慢矣。桑间濮上之音，亡国之音也。』桑间，卫国濮水上的地名。以上指当时民间的音乐。

㊲韶虞武象：韶是虞舜时的音乐。武是周武王时的乐舞，故称武象。以上指当时的雅乐。

㊳五帝：《史记·五帝本纪》以黄帝、颛顼、帝喾、尧、舜为五帝。三王：指夏禹、商汤、周文王武王。

㊴黔首：以黑巾裹头，指平民。

㊵业：立功业。

㊶赍：给。

点评

本文在论证秦国驱逐客卿的错误和危害时，没有在逐客这个具体问题上就事论事，也没有涉及自己个人的进退出处，而是站在『跨海内，制诸侯』完成统一天下大业的高度，来分析阐明逐客的利害得失，这反映了李斯的卓越见识，体现了他顺应历史潮流的进步政治主张和用人路线。

文章辞采华美，排比铺张，音节流畅，理气充足，挟战国纵横说辞之风，兼具汉代辞赋之丽。末尾作结，指出秦人『逐客以资敌国，损民以益雠』的危害，有极强的理论说服力和艺术感染力。最精彩的是中间一段，语辞泛滥，意杂诙嘲，语奇字重，兔起鹘落，可谓骈体之祖。李斯虽为羁旅之臣，然其抗言陈词，有一种不可抑制的气势，成为后世奏疏的楷模。

楚辞·卜居（屈原）

屈原既放①，三年不得复见②。竭知尽忠而蔽障③于谗。心烦虑乱，不知所从。乃往见太卜④郑詹尹曰：“余有所疑，愿因⑤先生决之。”

詹尹乃端策⑥拂龟⑦，曰：“君将何以教之？”

屈原曰：“吾宁悃悃款款⑧，朴以忠乎，将送往劳来⑨，斯无穷乎？宁诛锄草茅以力耕乎，将游大人⑩以成名乎？宁正言不讳以危身乎，将从俗富贵以偷生⑪乎？宁超然高举以保真乎⑫，将呢訾栗斯⑬，喔咿儒儿⑭，以事妇人⑮乎？宁廉洁正直以自清乎，将突梯滑稽⑯，如脂如韦⑰，以洁楹⑱乎？宁昂昂⑲若千里之驹乎，将泛泛若水中之凫⑳，与波上下，偷以全吾躯乎？宁与骐骥亢轭㉑乎，将随驽马㉒之迹乎？宁与黄鹄㉓比翼乎，将与鸡鹜㉔争食乎？此孰吉孰凶？何去何从？世溷浊㉕而不清：蝉翼为重，千钧㉖为轻；黄钟㉗毁弃，瓦釜㉘雷鸣；谗人高张㉙，贤士无名。吁嗟默默兮，谁知吾之廉贞！”

詹尹乃释策而谢㉚曰：“夫尺有所短，寸有所长；物有所不足，智有所不明；数有所不逮㉛，神有所不通。用君之心，行君之意。龟策诚不能知此事。”

注释

①放：放逐。

②复见：指再见到楚王。

③蔽障：遮蔽、阻挠。

④太卜：掌管卜筮的官。

⑤因：凭借。

⑥端策：数计蓍草；端，数也。

⑦拂龟：拂去龟壳上的灰尘。

⑧悃悃款款：诚实勤恳的样子。

⑨送往劳来：送往迎来。劳，慰劳。

⑩大人：指达官贵人。

⑪偷生：贪生。

⑫超然：高超的样子。高举：远走高飞。保真：保全真实的本性。

⑬呢訾：以言献媚。栗斯：阿谀奉承状。栗，恭谨，恭敬。斯，语助词。

⑭喔咿儒儿：强颜欢笑的样子。

⑮妇人：指楚怀王的宠姬郑袖，她与朝中重臣上官大夫等人联合排挤谗毁屈原。

⑯突梯：圆滑的样子。滑稽：一种能转注吐酒、终日不竭的酒器，后借以指应付无穷、善于迎合别人。

⑰如脂如韦：谓像油脂一样光滑，像熟牛皮一样柔软，善于应付环境。

⑱洁楹：度量屋柱，顺圆而转，形容处世的圆滑随俗。洁，借为「絜」。

⑲昂昂：昂首挺胸、堂堂正正的样子。

⑳泛泛：漂浮不定的样子。凫：水鸟，即野鸭。

㉑亢轭：并驾而行。亢，同「伉」，并也；轭，车辕前端的横木。

㉒驽马：劣马。

㉓黄鹄：天鹅。

㉔鹜：鸭子。

㉕溷浊：肮脏、污浊。

㉖千钧：代表最重的东西。古制三十斤为一钧。

㉗黄钟：古乐中十二律之一，是最响最宏大的声调。这里指声调合于黄钟律的大钟。

㉘瓦釜：陶制的锅。这里代表鄙俗音乐。

㉙高张：指坏人气焰嚣张，趾高气扬。

㉚谢：辞谢，拒绝。

㉛数：卦数。逮：及。

点评

《卜居》并非真的问卜决疑之作，只不过设为问答之语，以宣泄作者的愤世嫉俗之意而已。此文所展示的屈原的心灵，并非是他对人生道路、处世哲学上的真正疑惑，而是他在世道混浊、是非颠倒中，志士风骨之铮铮挺峙。从这个意义上说，读一读《卜居》无疑会有很大的人生启迪：它将引导人们摆脱卑琐和庸俗，而气宇轩昂地走向人生的壮奇和崇高。

篇中多用譬喻，如「蝉翼为重，千钧为轻；黄钟毁弃，瓦釜雷鸣」等，形像鲜明，而且音节嘹亮，对比强烈，体现了激愤的情绪。全篇用对问体，凡提八问，重重叠叠而错落有致，决无呆板凝滞之感。后世辞赋杂文中宾主问答之体，实即滥觞于此。

对楚王问（宋玉）

楚襄王问于宋玉曰：「先生其①有遗行与？何士民②众庶不誉③之甚也！」

宋玉对曰：「唯，然④，有之！愿大王宽其罪，使得毕⑤其辞。客⑥有歌于郢⑦中者，其始曰《下里》、《巴人》⑧，国中属⑨而和⑩者数千人。其为《阳阿》、《薤露》⑪，国中属而和者数百人。其为《阳春》、《白雪》⑫，国中有属而和者，不过数十人。引⑬商刻羽，杂⑭以流徵，国中属而和者，不过数人而已。是其曲弥高⑮，其和弥寡。

故鸟有凤⑯而鱼有鲲⑰。凤皇上击九千里，绝云霓⑱，负苍天⑲，足乱浮云，翱翔⑳乎杳冥㉑之上。

夫[22]蕃篱[23]之鷃[24]，岂能与之料天地之高哉？鲲鱼朝发[25]昆仑[26]之墟，暴鬐[27]于碣石[28]，暮宿于孟诸[29]。夫尺泽[30]之鲵，岂能与之量江海之大哉？故非独[31]鸟有凤而鱼有鲲，士亦有之。夫圣人瑰意琦行[32]超然独处，世俗[33]之民，又安[34]知臣之所为哉？」

注释

①其：用在谓语「有」之前，表示询问，相当于「大概」「可能」「或许」等。

②士民：这里指学道艺或习武勇的人。古代四民之一。众庶，庶民，众民。

③誉：称誉，赞美。

④然：这样。

⑤毕：完毕，结束。

⑥客：外来的人。

⑦郢：楚国的国都。

⑧《下里》、《巴人》：楚国的民间歌曲，比较通俗低级。下里，乡里。巴人，指巴蜀的人民。

⑨属：连接，跟着。

⑩和：跟着唱。

⑪《阳阿》、《薤露》：两种稍为高级的歌曲。《阳阿》，古歌曲名。《薤露》，相传为齐国东部（今山东东部）的挽歌，出殡时挽柩人所唱。薤露是说人命短促，有如薤叶上的露水，一瞬即干。

⑫《阳春》、《白雪》：楚国高雅的歌曲。

⑬引：引用。刻：刻画。

⑭杂：夹杂，混合。

⑮弥：愈，越。

⑯凤：凤凰，古代传说中的鸟王。一说雄的叫「凤」，雌的叫「凰」。

⑰鲲：古代传说中的一种大鱼。

⑱云霓：指高空的云雾。

⑲负：背，用背驮东西。

⑳翱翔：展开翅膀回旋地飞。

㉑杳冥：指极远的地方。

㉒夫：那，那个。用在作主语的名词之前，起指示作用。下文的「夫」同。

㉓藩篱：篱笆。

㉔鷃：一种小鸟。

㉕发：出发。

㉖昆仑：昆仑山。

㉗鬐：鱼脊。

㉘碣石：渤海边上的一座山，在今河北昌黎北。

㉙孟诸：古代大泽名，在今河南商丘东北、虞城西北。

㉚尺泽：尺把大的小池。

㉛非独：不但。

㉜瑰意琦行：卓越的思想、美好的操行。

㉝世俗：指当时的一般人。多含有平常、凡庸的意思。

㉞安：怎么，哪里，表示反问。

点评

本文写宋玉面对他人的谗毁所作的自我辩解。面对楚襄王的责问，宋玉不得不为自己辩护，然而整篇应对之词，却又没有一句直接为自己申辩的话，而是引譬设喻，借喻晓理。分别以音乐、动物、圣人为喻作比。先以曲与和作比照，说明曲高和寡；继以凤与鷃、鲲与鲵相提并论，对世俗再投轻蔑一瞥；最后以圣人与世俗之民对比，说明事理。总之，把雅与俗对立起来，标榜自己的绝凡超俗，卓尔不群，其所作所为不为芸芸众生所理解，不足为怪。『世俗之民，又安知臣之所为哉！』既是对诽谤者的有力回击，也表现了自己孤傲清高的情怀。

五帝本纪赞（《史记》）

太史公①曰：学者多称五帝，尚矣。然《尚书》②独载尧以来，而百家③言黄帝，其文不雅④驯⑤，荐绅⑥先生难言之。孔子所传《宰予问五帝德》及《帝系姓》⑦，儒者或不传。余尝西至空峒⑧，北过涿鹿，东渐于海，南浮江淮矣，至长老皆各往往称黄帝、尧、舜之处，风教固殊焉。总之，不离古文者近是。予观《春秋》《国语》，其发明《五帝德》《帝系姓》章矣，顾弟⑨弗深考，其所表见⑩皆不虚⑪。书缺有间⑫矣，其轶⑬乃时时见于他说。非好学深思，心知其意，固难为浅见寡闻道也。余并论次，择其言尤雅者，故著为本纪书首。

注释

①太史公：西汉时期的历史学家司马迁自称，因他曾任西汉太史令。

②《尚书》：即《书经》，简称《书》，我国最早的史书，是有关尧、舜、禹史事和商、周帝王言论及文告的历史文献汇编。

③百家：《汉书》卷三《艺文志》记载有《百家》篇三十九卷。一说为诸子百家。

④雅：正确。

⑤驯：通『训』，准则。

⑥荐绅：即缙绅，有官职或作过官的人。缙，插；绅，大带。古时官员腰系大带，上插笏版（上朝用的记事手板）。

⑦《宰予问五帝德》、《帝系姓》：《大戴礼记》和《孔子家语》中均收有这两篇文章。

⑧空峒：山名，传说是黄帝问道于广成子处，在今甘肃省平凉市西。

⑨顾弟：只不过。弟，同「第」。

⑩表见：记载。见，通「现」。

⑪虚：虚妄。

⑫书缺有间：《尚书》缺亡，空白很多。

⑬轶：通「佚」，散失。

点评

本文是司马迁为《史记》首篇《五帝本纪》作的赞语，列在该篇的末尾。赞语是司马迁在《史记》的重要篇章之后，以『太史公曰』的口气发表的议论、总结或补充的文字。在这篇赞语中，司马迁说明了《五帝本纪》的史料来源和他对这些史料的看法，从中我们可以了解到司马迁对待史料的审慎态度以及他在验证史料时跋山涉水的艰苦过程。

文中连续运用转折句式，用以表达其感慨和体会。清人吴楚材、吴调侯在《古文观止》评点中，称这篇文章有『九转』，尽管划分略嫌琐碎，但也确实体会到作品的神韵。这些转折有的表困扰，有的表叹惋，有的表喜悦，有的表自信，均道出了司马迁写作的甘苦，造成转折委曲，往复回环的文势，颇具文简意深的效果。

项羽①本纪赞（《史记》）

太史公曰：吾闻之周生②曰：『舜③目盖重瞳子。』又闻项羽亦重瞳子。羽岂其苗裔④邪？何兴之暴也？夫秦失其政，陈涉⑤首难，豪杰蜂起，相与并争，不可胜数。然羽非有尺寸⑥，乘势起陇亩⑦之中，三年，遂将⑧五诸侯⑨灭秦，分裂天下而封王侯，政由羽出，号为霸王，位虽不终，近古⑩以来，未尝有也。及羽背关怀楚⑪，放逐义帝⑫而自立，怨王侯叛己，难矣⑬。自矜功伐⑭，奋⑮其私智，而不师古，谓霸王之业，欲以力征经营天下，五年，卒亡其国，身死东城⑯，尚不觉寤⑰，而不自责，过矣。乃引『天亡我，非用兵之罪也』，岂不谬哉！

注释

①项羽：名籍，字羽，下相（今江苏省宿迁县西）人。秦二世时，陈涉首先发难，项羽跟从叔父项梁起义兵，大破秦军，率领五国诸侯入关灭秦，分封王侯，自称『西楚霸王』。后为刘邦所败，困于垓下，在乌江自杀。

②周生：汉时的儒生，姓周，事迹不详。

③舜：虞舜，我国上古时代的帝王。

④苗裔：后代子孙。

⑤陈涉：名胜，字涉，阳城（今河南省登封县东南）人，他同吴广首先起兵反秦，是我国古代著名的农民起义领袖。

⑥非有尺寸：谓没有一尺一寸的土地。

⑦陇亩：田野。这里指民间。

⑧将：率领。

⑨五诸侯：指齐、赵、韩、魏、燕。

⑩近古：当时是指春秋战国以来的时代。

⑪背关怀楚：谓放弃关中形胜之地，怀念楚国，东归建都彭城（今江苏徐州市）。

⑫义帝：楚怀王孙，名心。

⑬难矣：意思是说，在这种种错误措施之下，想成功是很困难的。

⑭功伐：功勋。

⑮奋：逞弄。

⑯东城：在今安徽省定远县东南。

⑰寤：通“悟”。

点评

这篇赞语作为《项羽本纪》的结尾，用极为简洁的文字，对项羽的一生作了历史的总结，颇具权威性。

赞语从传奇处入手：虞舜和项羽都是双瞳孔，难道项羽是虞舜的后代吗？这就更突出了项羽这个人物的神秘色彩。

在论述项羽的光辉业绩时，强调了他创业的艰难，同时又突出了他发迹的迅速。在司马迁看来：项羽顺应了历史潮流，抓住了机遇，同时又具备了杰出的才能，在历史上应有显要地位。尽管项羽未能履践天子之位，可司马迁还是将他列入专为帝王设计的『本纪』之中。至于项羽败亡，作者认为有两个方面的教训值得汲取：一是他杀义帝而自立，导致众叛亲离；二是奋其私智而不效法古代，并至死不悟。

古文观止 精注精评

秦楚之际月表（《史记》）

太史公读秦楚①之际，曰：初作难②，发于陈涉；虐戾③灭秦自项氏；拨乱诛暴，平定海内，卒践④帝祚⑤，成于汉家。五年之间，号令三嬗⑥自生民以来⑦，未始有受命若斯⑧之亟也！

昔虞、夏之兴，积善累功数十年，德洽⑨百姓，摄行⑩政事，考之于天，然后在位。汤⑪、武⑫之王，乃由契⑬、后稷⑭，修仁行义十余世，不期而会孟津⑮八百诸侯，犹以为未可，其后乃放弑⑯。秦起襄公⑰，章⑱于文、缪⑲，献、孝⑳之后，稍以蚕食㉑六国，百有余载，至始皇乃能并冠带之伦㉒。以德若彼㉓，用力如此，盖一统若斯之难也！

秦既称帝，患兵革不休，以有诸侯也，于是无尺土之封，堕㉔坏名城，销㉕锋镝㉖，锄豪杰，维㉗万世之安。然王迹之兴，起于闾巷㉘，合从㉙讨伐，轶㉚于三代。乡㉛秦之禁，适足以资贤者为驱除难耳，故愤发其所为天下雄，安在无土不王？此乃传之所谓大圣乎㉜？岂非天哉㉝？岂非天哉？非大圣孰能当此受命而帝者乎？

注释

①秦楚：指秦二世胡亥。和西楚霸王项羽。

②作难：作乱，造反。

③虐戾：残暴，凶狠。

④践：登上，踏上。

⑤祚：通「阼」，帝位。

⑥三嬗：三次更替。指陈涉、项氏、汉高祖。嬗，通「禅」，更替，变迁。

⑦生民以来：谓有人类以来，即有史以来。

⑧斯：这，这样。

⑨洽：融洽，悦服。

⑩摄行：代理。

⑪汤：即商汤王，名履，放逐夏桀，建立商朝。

⑫武：即周武王，姓姬，名发，西伯姬昌之子。诛杀商纣，建立周朝。

⑬契：帝喾之子。虞舜之臣，封于商，赐姓子氏，为商朝的始祖。

⑭后稷：虞舜时农官名。弃掌管其事，因亦称弃为后稷，为周朝的始祖。

⑮孟津：地名，在今河南省孟县南，又名河阳渡。

⑯放弑：指商汤王放逐夏桀，周武王诛杀商纣。

⑰襄公：秦襄公，周平王东迁时始列为诸侯。

⑱章：显著，显赫。

⑲文、缪：秦文公、缪公，春秋时期秦国两个国君。缪，一作「穆」。

⑳献、孝：秦献公、孝公，战国时期秦国两个国君。

㉑蚕食：像蚕吃桑叶般慢慢地吞并。

㉒冠带之伦：高冠大带之辈，指六国诸侯。一说，比喻习于礼教的人民，别于夷狄而言。

㉓彼：指虞、夏、商、周。

㉔堕：毁坏。

㉕销：溶化。

㉖锋：刀刃。镝：箭头。

㉗维：同「惟」，度量，计算。

㉘闾巷：里巷。

㉙合从：即「合纵」，谓联合各路军队。

㉚ 轶：胜过。

㉛ 乡：通「向」，从前。

㉜ 「此乃……乎？」句：相当于现代汉语的「这是……吧？」疑问句。谓书籍记载。

㉝ 「岂非……哉？」句：相当于现代汉语的「难道不是……吗？」反诘句。用否定表示肯定。

点评

「表」是司马迁在《史记》中创立的一种史书体例，是以表格的形式表现某一时期的史事、人物的。秦楚之际是指秦二世在位时期和项羽统治时期，时间虽短，但事件变化多端，所以按月来记述，称为「月表」。

本文是司马迁在《秦楚之际月表》前面所写的序言。这篇序言概括了秦楚之际政治形势的特点：即陈涉发难、项羽灭秦、刘邦称帝，而这些又都是在短促的时间内发生的。文章回顾了历史上一些帝王统一天下的艰难历程，分析了秦楚之际「号令三嬗」，而汉高祖终于称帝的原因，结论有独到之处。

高祖功臣侯者年表（《史记》）

高祖初定天下，表明有功之臣而侯之，若萧、曹等。太史公曰：古者人臣功有五品，以德立宗庙、定社稷曰勋，以言曰劳，用力曰功，明其等曰伐，积日曰阅。封爵之誓①曰：「使河如带②，泰山若厉③，国以永宁，爰④及苗裔。」始未尝不欲固其根本⑤，而枝叶⑥稍陵夷衰微也。

余读高祖侯功臣，察其首封，所以失之者，曰：异哉所闻⑦！《书》曰「协和万国」，迁于夏、商，或数千岁。盖周封八百，幽⑧、厉之后，见于《春秋》。《尚书》有唐虞⑨之侯伯，历三代千有余载，自全以蕃⑩卫天子，岂非笃于仁义、奉上法哉？汉兴，功臣受封者百有余人。天下初定，故大城名都散亡，户口可得而数者十二三，是以大侯不过万家，小者五六百户。后数世，民咸归乡里，户益息，萧、曹、绛、灌⑪之属或至四万，小侯自倍，富厚如之。子孙骄溢，忘其先，淫嬖。至太初⑫，百年之间，见侯五⑬，余皆坐法陨命亡国，丰耗⑭矣。罔⑮亦少密焉，然皆身无兢兢⑯于当世之禁云。

居今之世，志古之道，所以自镜也，未必尽同。帝王者各殊礼而异务，要以成功为统纪，岂可绲⑰乎？观所以得尊宠及所以废辱，亦当世得失之林也，何必旧闻？于是谨其终始，表见其文，颇有所不尽本末，著其明，疑者阙之。后有君子，欲推而列之，得以览焉。

注释

① 封爵之誓：汉高祖封侯时有约誓，欲使功臣所得爵位世代相传。誓词以丹色刻写在铁券上，即所谓「丹书铁券」。

② 使河如带：使黄河变成衣带一般狭小，这几乎是不可能的，以此来譬喻久远。河，黄河。带，衣带。

③ 泰山若厉：使泰山变成磨刀石一样短小。厉，磨刀石。

④ 爰：乃，于是。

⑤ 根本：指汉高祖时期始受封的功臣。

⑥ 枝叶：指功臣侯者的后裔。

⑦ 异哉所闻：此谓异于下文提到的《尚书》、《春秋》记载的情况。

⑧ 幽：周幽王，周宣王之子，在位期间，为政昏乱，被杀于骊山下，西周灭亡。

⑨ 唐虞：即陶唐氏和有虞氏，皆为传说时期的远古部落，其首领前者是尧，后者是舜。

⑩ 蕃：与「藩」字通，屏障的意思。

⑪ 萧、曹、绛、灌：指萧何、曹参、绛侯周勃、灌婴。

⑫ 太初：汉武帝年号，凡四年，时当前一〇四年至前一〇一年。

⑬ 见侯五：指平阳侯曹宗、曲周侯郦终根、埤山侯仁、戴侯秘蒙、谷陵侯冯偃。

⑭ 秏：与「耗」字同，意为无、尽。

⑮ 罔：与「网」字同，法网。

⑯ 兢兢：小心谨慎。

⑰ 绲：与「混」字通。

点评

汉高祖封功臣为侯，但都很快衰微了，司马迁编功臣侯者年表来记载他们的始终。本文是年表的序言，写作目的是所谓「居今之世，志古之道，所以自镜也」。探究列侯衰微的原因，指出列侯子弟因富贵而骄溢，忘掉了先辈的创业之艰辛，往往犯法亡国，另一方面也体现了汉朝的法律之严明公正，真所谓「王子犯法，与庶民同罪」。文字反复慨叹，层层回互，步步照顾，节节顿挫。

孔子世家赞①（《史记》）

太史公曰：《诗》有之：「高山仰止，景行行止②。」虽不能至，然心乡③往之。余读孔氏书，想见其为人。适④鲁，观仲尼庙堂车服礼器，诸生以时习礼其家，余祗回⑤留之不能去云。天下君王至于贤人众矣，当时则荣，没则已焉。孔子布衣⑥，传十余世，学者宗之。自天子王侯，中国言《六艺》⑦者折中⑧于夫子，可谓至圣矣！

注释

① 赞：文体名。本文是《史记·孔子世家》的赞，是作者对孔子的评论。

② 高山仰止，景行行止：出自《诗经·小雅·车舝》。仰，这里是仰慕、敬仰的意思。景行，大道。这里喻指高尚的品德。行，这里是效法的意思。止，句末语气助词，无意义。

③ 乡：通「向」。

④ 适：往。

⑤ 祗回：相当于「低回」，流连，盘桓。祗，恭敬。有的版本作「低回」。

⑥布衣：没有官职的人。

⑦《六艺》：指六经，即《诗》《书》《礼》《乐》《易》《春秋》。

⑧折中：调和取证。

点评

本文是《史记·孔子世家》的结束语。孔子原本不是王侯将相，但在司马迁看来，孔子是一座巍峨的高山，使人仰慕，所以把他列入『世家』。作者不是完全按照官本位来处理历史人物，他把孔子当作古代的圣人来看待。这说明司马迁颇具远见与卓识。

在写作手段方面，开篇引用《诗经》的话，抒发作者的感慨，是凭虚而起。中间部分叙写在孔子故居的所见与感受，如司马迁读孔子著作之际，内心想见其为人；来到孔子故居之后，低回流连而不愿离开等，则是实写。结尾部分用『言六艺折中乎夫子，可谓至圣矣』来做结论，真所谓『高山仰止，景行景止』，有一唱三叹之妙。

外戚世家序（《史记》）

自古受命帝王①及继体②守文③之君，非独内德茂④也，盖亦有外戚⑤之助焉。夏之兴也以涂山⑥，而桀之放⑦也以妹喜。殷之兴也以有娀⑧，纣之杀也嬖⑨妲己。周之兴也以姜原⑩及大任⑪，而幽王之禽⑫也淫于褒姒。故《易》⑬基《乾》《坤》，《诗》⑭始《关雎》，《书》⑮美釐⑯降，《春秋》讥不亲迎⑰。夫妇之际，人道⑱之大伦也。礼之用，唯婚姻为兢兢⑲。夫乐调⑳而四时和，阴阳之变，万物之统也。可不慎与？人能弘道㉑，无如命何。甚哉，妃㉒匹之爱，君不能得之于臣，父不能得之于子，况卑不乎！即欢合㉓矣，或不能成㉔子姓㉕；能成子姓矣，或不能要㉖终：岂非命也哉？孔子罕称命，盖难言之也。非通幽明㉗之变，恶㉘能识乎性命哉？

注释

①受命帝王：受命于天的帝王，这里指开国创业的君主。

②继体：继位。

③守文：遵守成法。

④茂：美好。

⑤外戚：指皇帝之母及后妃的亲族。

⑥涂山：古国（部落）名。这里指涂山氏女。

⑦放：放逐。夏桀暴虐，宠爱妹喜，商汤灭夏，桀被流放于南方。

⑧娀：远古氏族名。这里指有娀氏之女简狄。

⑨嬖：宠爱。商纣王宠爱妲己，荒淫暴虐，周武王伐纣，商军倒戈，纣自焚于鹿台。

⑩姜原：周始祖后稷之母。原，或作『嫄』。

⑪大任：周文王之母。大，同「太」。

⑫禽：同「擒」。西周幽王宠爱褒姒，荒淫昏乱，申侯联合犬戎攻周，幽王逃至骊山被杀，褒姒被俘。西周亡。

⑬《易》：《易经》。

⑭《诗》：《诗经》。

⑮《书》：《书经》，又称《尚书》。

⑯釐降：下嫁。

⑰《春秋》讥不亲迎：按古代婚礼规定，不论贵族平民，在迎亲时夫婿都应亲自到女家迎娶新娘。

⑱人道：社会的伦理等级关系。

⑲兢兢：小心谨慎的样子。

⑳调：和谐。

㉑人能弘道：此语出自《论语·卫灵公》。弘，扩大。道，这里指人伦之道。

㉒妃：通「配」。

㉓欢合：夫妇的欢爱。

㉔成：成熟，收获，引申为繁育。

㉕子姓：子孙。

㉖要：求，取。

㉗幽明：阴阳。

㉘恶：哪里，怎么。

点评

这是《史记·外戚世家》的序，通过陈述三代的得失，论证后妃对国家治乱的影响。汉代自惠帝时起，后妃、外戚专权一再造成祸乱，因此作者本文是有所指的。汉朝外戚之所以能够干预朝政，是因为当时皇帝死后继承的皇帝大多年龄很小，所以太后都是少年寡妇，太后听政实则依靠娘家的父兄，因而形成了庞大的外戚集团。外戚常常占据诸如大将军、宰相等重要的职位，直到隋朝杨坚发明了科举制，外戚干政才几乎绝迹。

本文行文略显隐晦，大概是有不便明言的苦衷。

伯夷列传（《史记》）

夫学者载籍极博，尤考信于六艺。《诗》、《书》虽缺①，然虞、夏之文②可知也。尧将逊位，让于虞舜，舜、禹之间，岳牧咸荐，乃试之于位，典职③数十年，功用既兴，然后授政。示天下重器，王者大统④，传天下若斯之难也。而说者⑤曰：「尧让天下于许由，许由不受，耻之逃隐。及夏之时，有卞随、务光者。」此何以称焉？太史公曰：余登箕山，其上盖有许由冢云。孔子序列古之仁圣贤人，如吴太伯、伯夷之伦详矣。

余以所闻，由、光义至高，其文辞不少概见，何哉？

孔子曰：『伯夷、叔齐，不念旧恶，怨是用希⑥。』『求仁得仁，又何怨乎？』余悲伯夷之意，睹轶诗可异焉。其传曰：伯夷、叔齐，孤竹君之二子也。父欲立叔齐。及父卒，叔齐让伯夷。伯夷曰：『父命也。』遂逃去。叔齐亦不肯立而逃之。国人立其中子。于是伯夷、叔齐闻西伯昌善养老，『盍往归焉！』及至，西伯卒，武王载木主⑦，号为文王，东伐纣。伯夷、叔齐叩马而谏曰：『父死不葬，爰及干戈，可谓孝乎？以臣弑君，可谓仁乎？』左右欲兵之。太公曰：『此义人也。』扶而去之。武王已平殷乱，天下宗周⑧，而伯夷、叔齐耻之，义不食周粟，隐于首阳山，采薇而食之。及饿且死，作歌，其辞曰：『登彼西山兮，采其薇矣。以暴易暴兮，不知其非矣。神农、虞、夏忽焉没兮，我安适归矣？于嗟徂⑨兮，命之衰矣。』遂饿死于首阳山。由此观之，怨邪非邪？

或曰：『天道无亲，常与善人。』若伯夷、叔齐，可谓善人者，非邪？积仁洁行，如此而饿死。且七十子⑩之徒，仲尼独荐颜渊为好学。然回也屡空，糟糠不厌，而卒蚤夭。天之报施善人，其何如哉？盗跖日杀不辜，肝人之肉⑪，暴戾恣睢，聚党数千人，横行天下，竟以寿终，是遵何德哉？此其尤大彰明较著者也。若至近世，操行不轨，专犯忌讳，而终身逸乐，富厚累世不绝。或择地而蹈之，时然后出言，行不由径，非公正不发愤，而遇祸灾者，不可胜数也。余甚惑焉，傥所谓天道，是邪非邪？

子曰：『道不同，不相为谋。』亦各从其志也。故曰：『富贵如可求，虽执鞭之士，吾亦为之。如不可求，从吾所好。』『岁寒，然后知松柏之后凋。』举世混浊，清士乃见⑫。岂以其重若彼，其轻若此哉？『君子疾没世而名不称焉。』贾子曰：『贪夫徇⑬财，烈士徇名，夸者死权，众庶冯生。』『同明相照，同类相求。』『云从龙，风从虎，圣人作而万物睹。』伯夷、叔齐虽贤，得夫子而名益彰；颜渊虽笃学，附骥尾而行益显。岩穴之士⑭，趋舍有时，若此类名湮灭而不称，悲夫。闾巷之人，欲砥行立名者，非附青云之士⑮，恶能施于后世哉！

注释

①《诗》、《书》虽缺：相传孔子曾经删定《诗经》、《尚书》，经秦始皇焚书后，多有缺亡。

②虞、夏之文：指《尚书》中的《尧典》、《舜典》、《大禹谟》，其中详细记载了虞夏禅让的经过。

③典职：任职。此指代理职务。典，主持。

④大统：帝位。

⑤说者：指诸子杂记。

⑥希：同『稀』，稀少。

⑦木主：象征死者的木制牌位。

⑧宗周：以周王室为宗主。

⑨徂：通『殂』，死亡。

⑩七十子：孔子受徒三千，通六艺者七十二人。七十，是举整数而言。

⑪肝人之肉：挖人肝脏当动物的肉吃。

⑫见：同「现」，显露。

⑬徇：通「殉」，为某种目的而死。

⑭岩穴之士：在山野隐居的人。

⑮青云之士：德隆望尊、地位显赫的人。

点评

《伯夷列传》是伯夷和叔齐的合传，冠《史记》列传之首。在这篇列传中，作者以「考信于六艺，折衷于孔子」的史料处理原则，于大量论赞之中，夹叙了伯夷、叔齐的简短事迹。他们先是拒绝接受王位，让国出逃；武王伐纣的时候，又以仁义叩马而谏；等到天下宗周之后，又耻食周粟，采薇而食，作歌明志，于是饿死在首阳山上。作者极力颂扬他们积仁洁行、清风高节的崇高品格，抒发了作者的诸多感慨。

本文写作独具特色。满纸赞论，咏叹夹以叙事。名为传纪，实则传论，属于变例。行文纵横捭阖，彼此呼应，回环跌宕，起伏相间。时有鲜明比照，一目豁然；时有含蓄设问，不露锋芒却问题尖锐又耐人寻味。于太史公润笔泼墨之中，可略见其笔力之一斑。

管晏列传（《史记》）

管仲夷吾者，颍上人也。少时常与鲍叔牙游，鲍叔知其贤。管仲贫困，常欺鲍叔，鲍叔终善遇之，不以为言。已而鲍叔事齐公子小白，管仲事公子纠。及小白立为桓公，公子纠死，管仲囚焉。鲍叔遂进管仲。管仲既用，任政于齐，齐桓公以霸①，九合②诸侯，一匡③天下，管仲之谋也。

管仲曰：「吾始困时，尝与鲍叔贾，分财利多自与，鲍叔不以我为贪，知我贫也。吾尝为鲍叔谋事而更穷困，鲍叔不以我为愚，知时有利不利也。吾尝三仕三见逐于君，鲍叔不以我为不肖，知我不遇时。吾尝三战三走，鲍叔不以我怯，知我有老母也。公子纠败，召忽死之，吾幽囚受辱，鲍叔不以我为无耻，知我不羞小节而耻功名不显于天下也。生我者父母，知我者鲍子也。」

鲍叔既进管仲，以身下之。子孙世禄于齐，有封邑者十余世，常为名大夫。天下不多管仲之贤而多鲍叔能知人也。

既任政相④齐，以区区之齐在海滨，通货积财，富国强兵，与俗同好恶。故其称曰：「仓廪实而知礼节，衣食足而知荣辱，上服度则六亲固。四维⑤不张，国乃灭亡。下令如流水之原⑥，令顺民心。」故论卑⑦而易行。俗之所欲，因而予之；俗之所否，因而去之。

其为政也，善因祸而为福，转败而为功。贵轻重，慎权衡。桓公实怒少姬，南袭蔡，管仲因而伐楚，责包茅不入贡于周室。桓公实北征山戎，而管仲因而令燕修召公之政。于柯之会，桓公欲背曹沫之约，管仲因而信之，诸侯由是归齐。故曰：『知与之为取，政之宝也。』

管仲富拟于公室，有三归⑧、反坫⑨，齐人不以为侈。管仲卒，齐国遵其政，常强于诸侯。后百余年而有晏子焉。

晏平仲婴者，莱之夷维人也。事齐灵公、庄公、景公，以节俭力行重于齐。既相齐，食不重肉⑩，妾不衣帛。其在朝，君语及之，即危言；语不及之，即危行。国有道，即顺命；无道，即衡命⑪。以此三世显名于诸侯。

越石父贤，在缧绁⑫中。晏子出，遭之涂⑬，解左骖赎之，载归。弗谢⑭，入闺。久之，越石父请绝。晏子惧然，摄衣冠谢曰：『婴虽不仁，免子于缌，何子求绝之速也？』石父曰：『不然。吾闻君子诎⑮于不知己而信⑯于知己者。方吾在缧绁中，彼不知我也。夫子既已感寤⑰而赎我，是知己；知己而无礼，固不如在缧绁之中。』晏子于是延入为上客。

为齐相，出，其御之妻从门闲而窥其夫。其夫为相御，拥大盖，策驷马，意气扬扬甚自得也。既而归，其妻请去。夫问其故。妻曰：『晏子长不满六尺，身相齐国，名显诸侯。今者妾观其出，志念深矣，常有以自下者。今子长八尺，乃为人仆御，然子之意自以为足，妾是以求去也。』其后夫自抑损。晏子怪而问之，御以实对。晏子荐以为大夫。

太史公曰：吾读管氏《牧民》、《山高》、《乘马》、《轻重》、《九府》⑱，及《晏子春秋》，详哉其言之也。既见其著书，欲观其行事，故次其传。至其书，世多有之，是以不论，论其轶事。

管仲世所谓贤臣，然孔子小之。岂以为周道衰微，桓公既贤，而不勉之至王，乃称霸哉？语曰『将顺其美，匡救其恶，故上下能相亲也』。岂管仲之谓乎？

方晏子伏庄公尸哭之，成礼然后去，岂所谓『见义不为无勇』者邪？至其谏说，犯君之颜，此所谓『进思尽忠，退思补过』者哉！假令晏子而在，余虽为之执鞭，所忻⑲慕焉。

注释

①霸：称霸。

②合：会盟。

③匡：匡正，纠正。

④相：出任国相。

⑤四维：何谓四维？一曰礼，二曰义，三曰廉，四曰耻。维，纲，即网上的总绳，此引申为纲要、原则。

⑥原：通『源』，水的源头。

⑦论卑：指政令平易符合下边的民情。

⑧三归：建筑华丽的台。

⑨反坫：堂屋两柱间放置供祭祀、宴会所有礼器和酒的土台。

⑩重肉：两味肉食。

⑪衡命：斟酌命令的情况去做。

⑫缧绁：拘系犯人的绳子。引申为囚禁。

⑬涂：同「途」。

⑭谢：道歉。

⑮诎：通「屈」，委屈。

⑯信：通「伸」，伸展，伸张。

⑰感寤：感动醒悟。寤，通「悟」。

⑱《牧民》、《山高》、《乘马》、《轻重》、《九府》：都是《管子》篇名。

⑲忻：同「欣」。

点评

本文是管仲与晏婴两人的合传。前一部分内容虽然写管仲，但是给人突出印象的却是鲍叔牙的知人和荐人。后一部分的内容虽然写晏婴，但是他的重大政绩被泛泛地带过，却详细地记述了他以囚犯为知己和以车夫为贤能的两件小事，给人突出的印象也是晏子的知人和荐人。全文的中心落在人才的发现与荐举之上。文章通过反衬的手法突出人物的优劣，审视世态的炎凉。有趣的是，这种审视是通过一名车夫之妻的眼睛的『窥视』反映出来的。从本文的最后的『假令晏子而在，余虽为之执鞭，所忻慕焉』，不难知道，司马迁是在感叹自己怀才不遇，是在谴责西汉的当权者的心胸还不如一位仆御之妻。

屈原列传（《史记》）

屈原者，名平，楚之同姓①也。为楚怀王②左徒。博闻强志，明于治乱，娴于辞令。入则与王图议国事，以出号令；出则接遇宾客，应对诸侯。王甚任之。上官大夫③与之同列，争宠而心害其能。怀王使屈原造为宪令④，屈平属⑤草稿未定，上官大夫见而欲夺之，屈平不与，因谗之曰：『王使屈平为令，众莫不知。每一令出，平伐其功，曰以为「非我莫能为也」。』王怒而疏屈平。

屈平疾王听之不聪也，谗谄之蔽明也，邪曲之害公也，方正之不容也，故忧愁幽思而作《离骚》⑥。『离骚』者，犹离忧也。夫天者，人之始也；父母者，人之本也。人穷则反本⑦，故劳苦倦极，未尝不呼天也；疾痛惨怛⑧，未尝不呼父母也。屈平正道直行，竭忠尽智，以事其君，谗人间之，可谓穷矣。信而见疑，忠而被谤，能无怨乎？屈平之作《离骚》，盖自怨生也。《国风》⑨好色而不淫，《小雅》⑩怨诽而不乱，若《离骚》者，可谓兼之矣。上称帝喾⑪，下道齐桓⑫，中述汤⑬、武，以刺世事。明道德之广崇，治乱之条贯⑭，靡不毕见。其文约，其辞微，其志洁，其行廉。其称文小而其指⑮极大，举类迩⑯而见义远。其志洁，故其称物芳⑰，其行廉，故死而不容。自疏濯淖⑱污泥之中，蝉蜕⑲于浊秽，以浮游尘埃之外，不获[20]世之滋垢[21]，皭然[22]泥而不滓[23]者也。推其志也，虽与日月争光可也。

屈原既绌[24]，其后秦欲伐齐，齐与楚从亲[25]，惠王患之。乃令张仪[26]详[27]去秦，厚币委[28]质[29]事楚，曰：「秦甚憎齐，齐与楚从亲，楚诚能绝齐，秦愿献商、于[30]之地六百里。」楚怀王贪而信张仪，遂绝齐，使使如秦受地。张仪诈之曰：「仪与王约六里，不闻六百里。」楚使怒去，归告怀王。怀王怒，大兴师伐秦。秦发兵击之，大破楚师于丹、淅[31]，斩首八万，虏楚将屈匄，遂取楚之汉中地。怀王乃悉发国中兵，以深入击秦，战于蓝田。魏闻之，袭楚至邓[32]。楚兵惧，自秦归。而齐竟怒，不救楚，楚大困。明年，秦割汉中地与楚以和。楚王曰：「不愿得地，愿得张仪而甘心焉。」张仪闻，乃曰：「以一仪而当汉中地，臣请往如楚。」如楚，又因厚币用事者臣靳尚[33]，而设诡辩于怀王之宠姬郑袖。怀王竟听郑袖，复释去张仪。是时屈原既疏，不复在位，使于齐，顾反[34]，谏怀王曰：「何不杀张仪？」怀王悔，追张仪，不及。

其后，诸侯共击楚，大破之，杀其将唐昧。时秦昭王[35]与楚婚，欲与怀王会。怀王欲行，屈平曰：「秦，虎狼之国，不可信，不如毋行。」怀王稚子子兰劝王行：「奈何绝秦欢！」怀王卒行。入武关[36]，秦伏兵绝其后，因留怀王，以求割地。怀王怒，不听。亡走赵，赵不内[37]。复之秦，竟死于秦而归葬。

长子顷襄王[38]立，以其弟子兰为令尹[39]。楚人既咎子兰以劝怀王入秦而不反也。屈平既嫉之，虽放流[40]，眷顾楚国，系心怀王，不忘欲反。冀幸君之一悟，俗之一改也。其存君兴国，而欲反覆之，一篇之中，三致志焉。然终无可奈何，故不可以反。卒以此见怀王之终不悟也。

人君无愚智贤不肖，莫不欲求忠以自为，举贤以自佐。然亡国破家相随属，而圣君治国累世[41]而不见者，其所谓忠者不忠，而所谓贤者不贤也。怀王以不知忠臣之分，故内惑于郑袖，外欺于张仪，疏屈平而信上官大夫、令尹子兰，兵挫地削，亡其六郡，身客死于秦，为天下笑，此不知人之祸也。《易》曰：「井渫[42]不食，为我心恻，可以汲。王明，并受其福。」王之不明，岂足福哉！令尹子兰闻之，大怒。卒使上官大夫短屈原于顷襄王。顷襄王怒而迁之。屈原至于江滨，被发[43]行吟泽畔。颜色憔悴，形容枯槁。渔父见而问之曰：「子非三闾大夫[44]欤？何故而至此？」屈原曰：「举世混浊而我独清，众人皆醉而我独醒，是以见放。」渔父曰：「夫圣人者，不凝滞于物，而能与世推移。举世混浊，何不随其流而扬其波？众人皆醉，何不餔[45]其糟[46]而啜[47]其醨？何故怀瑾握瑜[48]，而自令见放为[49]？」屈原曰：「吾闻之，新沐者必弹冠，新浴者必振衣。人又谁能以身之察察[50]，受物之汶汶[51]者乎？宁赴常流而葬乎江鱼腹中耳。又安能以皓皓[52]之白，而蒙世之温蠖[53]乎？」乃作《怀沙》[54]之赋。于是怀石，遂自投汨罗[55]以死。

屈原既死之后，楚有宋玉[56]、唐勒、景差[57]之徒者，皆好辞而以赋见称。然皆祖屈原之从容辞令，终莫敢直谏。其后楚日以削，数十年竟为秦所灭。自屈原沉汨罗后百有余年，汉有贾生[58]，为长沙王[59]太傅。过湘水，投书[60]以吊屈原。

太史公曰：「余读《离骚》、《天问》、《招魂》、《哀郢》[61]，悲其志。适长沙，过屈原所自沉渊，未尝不垂涕，想见其为人。及见贾生吊之，又怪屈原以彼其材游诸侯，何国不容，而自令若是！读《服鸟赋》[62]，同死生，轻去[63]就，又爽然自失矣。」

注释

① 楚之同姓：楚王族本姓芈，楚武王熊通的儿子瑕封于屈，他的后代遂以屈为姓，瑕是屈原的祖先。

② 楚怀王：楚威王的儿子，名熊槐。

③ 上官大夫：楚大夫。上官，复姓。

④ 宪令：国家的重要法令。

⑤ 属：撰写。

⑥《离骚》：屈原的代表作，自叙生平的长篇抒情诗。

⑦ 反本：追思根本。反，通「返」。

⑧ 惨怛：忧伤。

⑨《国风》：《诗经》内《周南》《召南》等十五个地区的民歌的总称，共一百六十篇，其中多反映男女爱情的诗篇。

⑩《小雅》：也是《诗经》的组成部分之一，共七十四篇，其中多指斥朝政缺失，讽刺时事的作品。

⑪ 帝喾：古代传说中的帝王名。相传是黄帝的曾孙，号高辛氏。

⑫ 齐桓：即齐桓公，名小白，春秋五霸之一，前六八五年至前六四三年在位。

⑬ 汤：商朝的开国君主。

⑭ 条贯：条理，道理。

⑮ 指：同「旨」。

⑯ 迩：近。

⑰ 称物芳：指《离骚》中多用兰、桂、蕙、芷等香花芳草作比喻。

⑱ 濯淖：污浊。

⑲ 蝉蜕：这里是摆脱的意思。

⑳ 获：玷污。

㉑ 滋：通「兹」，黑。

㉒ 皭然：洁白的样子。

㉓ 滓：污黑。

㉔ 绌：通「黜」，废，罢免。指屈原被免去左徒的职位。

㉕ 从亲：合纵相亲。当时楚、齐等六国联合抗秦，称为合纵。楚怀王曾为纵长。从：同「纵」。

㉖ 张仪：魏人，主张「连横」，游说六国事奉秦国，为秦惠王所重。

㉗ 详：通「佯」。

㉘ 委：呈献。

㉙质：通「贽」，信物。

㉚商、于：秦地名。商，在今陕西商县东南。于，在今河南内乡东。

㉛丹、淅：二水名。丹水，淅水。

㉜邓：春秋时蔡地，后属楚，在今河南邓县一带。

㉝靳尚：楚大夫。一说即上文的上官大夫。

㉞顾反：回来。反，通「返」。

㉟秦昭王：秦惠王之子。

㊱武关：秦国的南关，在今陕西省商县东。

㊲内：同「纳」。

㊳顷襄王：名熊横，前二九八年至前二六二年在位。

㊴令尹：楚国的最高行政长官。

㊵虽放流：以下关于屈原流放的记叙，时间上有矛盾。

㊶世：三十年为一世。

㊷渫：淘去泥污。这里以淘干净的水比喻贤人。

㊸被发：指头发散乱，不梳不束。被，通「披」。

㊹三闾大夫：楚国掌管王族昭、屈、景三姓事务的官。

㊺餔：通「哺」，食。

㊻糟：酒渣。

㊼啜：喝。

㊽瑾、瑜：都是美玉。

㊾为：表示疑问的语气词。

㊿察察：洁白的样子。

(51)汶汶：昏暗的样子。

(52)皓皓：莹洁的样子。

(53)温蠖：尘滓重积的样子。

(54)《怀沙》：在今本《楚辞》中，是《九章》的一篇。今人多以为系屈原怀念长沙的诗。

(55)汨罗：江名，在湖南东北部，流经汨罗县入洞庭湖。

(56)宋玉：相传为楚顷襄王时人，屈原的弟子，有《九辩》等作品传世。

(57)唐勒、景差：约与宋玉同时，都是当时的词赋家。

(58)贾生：即贾谊（前二〇〇年至前一六八年），洛阳（今河南洛阳东）人，西汉政论家、文学家。

59 长沙王：指吴差，汉朝开国功臣吴芮的玄孙。

60 书：指贾谊所写的《吊屈原赋》。

61 《天问》、《招魂》、《哀郢》：都是屈原的作品。

62 《服鸟赋》：贾谊所作。

63 去：指贬官放逐。

点评

本文是《史记·屈原贾生列传》中有关屈原的部分，其中又删去了屈原《怀沙》赋全文。

屈原是我国历史上第一位伟大的爱国诗人。他生活在战国中后期，当时七国争雄，其中最强盛的是秦、楚二国。

屈原曾在楚国内政、外交方面发挥了重要作用，以后，虽然遭谗去职，流放江湖，但仍然关心朝政，热爱祖国。最后，毅然自沉汨罗，以殉自己的理想。

本文以强烈的感情歌颂了屈原卓越超群的才华和他对理想执着追求的精神。虽然事迹简略，但文笔沉郁顿挫，咏叹反复，夹叙夹议，是一篇有特色的评传式散文。

酷吏列传序（《史记》）

孔子曰：『道之以政，齐之以刑，民免而无耻。道之以德，齐之以礼，有耻且格①。』老氏称：『上德不德，是以有德；下德不失德，是以无德。法令滋章②，盗贼多有。』太史公曰：信哉是言也！法令者，治之具，而非制治清浊之源也。昔天下之网尝密矣，然奸伪萌起，其极也，上下相遁，至于不振。当是之时，吏治若救火扬沸，非武健严酷，恶能胜其任而愉快乎？言道德者，溺其职③矣。故曰：『听讼④，吾犹人也，必也使无讼乎！』『下士⑤闻道，大笑之。』非虚言也。汉兴，破觚⑥而为圜⑦，斲雕⑧而为朴，网漏于吞舟之鱼，而吏治蒸蒸⑨，不至于奸⑩，黎民艾安⑪。由是观之，在彼不在此。

注释

① 孔子曰：下文引自《论语·为政》。齐：统一，划一。格：至，引申为归服。

② 老氏称：下文见《老子》第三十八章、五十七章。老氏：老子。章：严明，此处为严酷之意。

③ 溺其职：犹言失职。

④ 听讼：听理诉讼，审理案件。

⑤ 下士：愚下的人。

⑥ 觚：有棱角的酒器。

⑦ 圜：同『圆』。

⑧ 斲雕：将物件上雕刻的纹饰削去，而使其回复原来的朴素之貌。

⑨ 蒸蒸：兴盛美好的样子，此处指政绩辉煌。

②《春秋》：这里泛指史书。

③季次：公皙哀，字季次，齐国人，孔子弟子。

④原宪：字子思，鲁国人，孔子弟子。

⑤独行君子：指独守个人节操，而不随波逐流之人。

⑥已诺必诚：已经答应人家的事情，一定要兑现。

⑦虞舜窘于井廪：指虞舜为其父瞽叟和其弟象所迫害，他们让舜修米仓，企图把舜烧死；此后又让舜挖井，两人填井陷害舜，然而舜均逃脱了。

⑧『伊尹』句：伊尹乃商汤的旧臣，据传说最初伊尹为了接近汤，曾到汤的妻子有莘氏家里当奴仆，后又以『媵臣』的身份，背着做饭的锅和砧板见汤，用做菜的道理阐释他的政治见解，终于被汤所重用。

⑨『傅说』句：傅说乃商代武丁的名臣，在未遇武丁时，是一个奴隶，在傅岩筑墙服役。匿：隐没。傅险：即傅岩（在今山西省丰陵县东）。

⑩吕尚：吕尚即姜子牙，相传他在七〇岁时，曾在棘津以屠牛和卖饭谋生。

⑪延陵：春秋时吴国公子季札，封于延陵。

⑫孟尝：即孟尝君，齐国贵族田文。

⑬春申：即春申君，楚国考烈王的相国黄歇。

⑭平原：即平原君赵胜，赵惠文王之弟。

⑮信陵：即信陵君魏无忌，魏安釐王异母弟。

⑯砥：磨炼。

⑰排摈：排斥、摈弃。

⑱朱家、田仲、王公、剧孟、郭解：此五人均为汉代初年著名的游侠，其事迹见传文。

⑲朋党：由于共同利益而结伙。

⑳比周：互相勾结，狼狈为奸。

点评

本文为《史记·游侠列传》的序。所谓游侠，是指那些言必信，行必果，轻生重义的人，亦即后世所说的侠客、剑客或剑侠。司马迁对他们的行为与品质给予高度评价。

本文在艺术手法方面颇具特色。其一为作者巧妙地运用对比、衬托手法。例如用儒侠作对比、侠侠衬托，借客形主，不仅突出了布衣之侠的高贵品质，而且对他们所遭受的不公正待遇亦表示了强烈的不满，从而大大深化了主题。其二反复咏叹，加强了抒情性，字里行间充满了作者强烈的爱憎。文章结尾是直接称赞汉代的游侠朱家、郭解等人『廉洁退让，有足称者。名不虚立，士不虚附』。诚如吴工《古文观止》的评语：『一篇之中，凡六赞游侠，多少抑扬，多少往复，胸中荦落，笔底摅写，极文心之妙。』

楚相孙叔敖知其贤人也，善待之。病且死，属其子曰：『我死，汝必贫困。若往见优孟，言我孙叔敖之子也。』居数年，其子穷困负薪，逢优孟，与言曰：『我，孙叔敖子也。父且死时，属我贫困往见优孟。』优孟曰：『若无远有所之。』即为孙叔敖衣冠，抵掌谈语。岁余，像㊲孙叔敖，楚王及左右不能别也。庄王置酒，优孟前为寿。庄王大惊，以为孙叔敖复生也，欲以为相。优孟曰：『请归与妇计之，三日而为相。』庄王许之。三日后，优孟复来。王曰：『妇言谓何？』孟曰：『妇言慎无为，楚相不足为也。如孙叔敖之为楚相，尽忠为廉以治楚，楚王得以霸。今死，其子无立锥之地，贫困负薪以自饮食。必如孙叔敖，不如自杀。』因歌曰：『山居耕田苦，难以得食。起而为吏，身贪鄙者余财，不顾耻辱。身死家室富，又恐受赇枉法，为奸触大罪，身死而家灭。贪吏安可为也！念为廉吏，奉法守职，竟死不敢为非。廉吏安可为也！楚相孙叔敖持廉至死，方今妻子穷困负薪而食，不足为也！』于是庄王谢优孟，乃召孙叔敖子，封之寝丘四百户，以奉其祀。后十世不绝。此知可以言时矣。

其后二百余年，秦有优旃。

优旃者，秦倡侏儒也。善为笑言，然合于大道。秦始皇时，置酒而天雨，陛楯㊳者皆沾寒。优旃见而哀之，谓之曰：『汝欲休乎？』陛楯者皆曰：『幸甚。』优旃曰：『我即呼汝，汝疾应曰诺。』居有顷，殿上上寿呼万岁。优旃临槛大呼曰：『陛楯郎！』郎曰：『诺。』优旃曰：『汝虽长，何益，幸雨立。我虽短也，幸休居。』于是始皇使陛楯者得半相代。

始皇尝议欲大苑囿，东至函谷关，西至雍、陈仓。优旃曰：『善。多纵禽兽于其中，寇从东方来，令麋鹿触之足矣。』始皇以故辍止。

二世立，又欲漆其城。优旃曰：『善。主上虽无言，臣固将请之。漆城虽于百姓愁费，然佳哉！漆城荡荡，寇来不能上。即欲就之，易为漆耳，顾难为廕室。』于是二世笑之，以其故止。居无何，二世杀死，优旃归汉，数年而卒。

太史公曰：淳于髡仰天大笑，齐威王横行。优孟摇头而歌，负薪者以封。优旃临槛疾呼，陛楯得以半更。岂不亦伟哉！

注释

①六艺：指儒家经典《六经》，即下文列举的《礼》《乐》《书》《诗》《易》《春秋》。

②《礼》：《礼经》。《仪礼》《周礼》《礼记》合称《三礼》。

③《乐》：《乐经》，据唐徐坚《初学记》说：秦朝焚书，《乐经》亡，只剩下《五经》。

④《书》：《书经》，也称《尚书》，相传为孔子编订，记载自帝尧至秦穆公的史料。

⑤《诗》：《诗经》，相传孔子删诗，选三百〇五篇成书。

⑥《易》：《易经》，也称《周易》。

⑦《春秋》：根据鲁国史料修成的编年断代史，起于前七二二年，迄于前四八一年。相传是孔子所作。

⑧恢恢：宽广貌。

⑨淳于髡：『淳于』之姓源于周初至春秋的淳于国，在今山东安丘县东北。

⑩赘婿：旧时男子因家贫卖身给人家，得招为婿者，称为赘婿。也泛指『招女婿』。

⑪七尺：周尺比今尺短，七尺大约相当于今一米六左右。

⑫隐：隐语，不直接说出本意而借别的词语来暗示的话。

⑬卿大夫：周代国王及诸侯的高级臣属。卿的地位高于大夫，常掌握国政和统兵之权。

⑭蜚：通『飞』。

⑮令长：战国秦汉时县的行政长官名称。人口万户以上的县称令，万户以下的县称长。

⑯《田完世家》：指《史记·田敬仲完世家》。

⑰车马十驷：指车十乘。古代一车配四马，驷为一乘。

⑱索：尽。

⑲禳田：古代祈求农事顺利、无灾无害的祭祀活动。

⑳瓯窭：狭小的高地。

㉑污邪：地势低下、容易积水的劣田。

㉒赍：以物赠人。

古文观止

精注精评

㉓溢：通『镒』，古以二十两为一溢。

㉔御史：秦以前的御史为史官，汉代御史也有掌纠察、治狱的。司马迁所指似是后者。

㉕卷：通『絭』，束衣袖。

㉖韝：臂套。

㉗鞠：弯屈。

㉘六博：古代博戏，两人对局，各执黑白棋六子。

㉙投壶：古代游戏，宴饮时用矢投入一定距离外的酒壶，以投中多少定胜负，负者罚酒。

㉚曹：游戏时的分组。

㉛眙：直视。

㉜芗泽：泛指香气。芗，五谷的香气。

㉝诸侯主客：简称『主客』，战国齐设置的官名，掌诸侯朝聘之事。

㉞尝：通『常』。

㉟楩、枫、豫章：都是树名。

㊱太牢：古代祭祀，牛羊豕三牲具备谓之太牢。

㊲像：扮作。

㊳陛楯：执楯侍卫陛侧。亦指执楯立于陛侧的侍卫。

点评

这是史记滑稽人物的类传，主旨是颂扬淳于髡、优孟、优旃一类滑稽人物『不流世俗，不争势利』的可贵精神，及其『谈言微中，亦可以解纷』的非凡讽谏才能。他们出身虽然卑微，但却机智聪敏，能言多辩，善于缘理设喻，察情取譬，借事托讽，因而其言其行起到了与『六艺于治一也』的重要作用。

全传貌似写极鄙极亵之事，而开首却从六艺入笔，可谓开宗明义。以下相继写『齐髡以一言而罢长夜之饮，优孟以一言而恤故吏之家，优旃以一言而禁暴主之欲』，均紧扣全文主旨，多用赋笔，布局精巧，句法奇秀，妙趣横生，读来令人击节。

李景星评论本篇：『赞语若雅若俗，若正若反，若有理，若无理，若有情，若无情，数句之中，极嬉笑怒骂之致，真是神品。』（《史记评议》卷四）可谓深得该传之精髓。

货殖列传序（《史记》）

老子曰：『至治之极，邻国相望，鸡狗之声相闻，民各甘其食，美其服，安其俗，乐其业，至老死不相往来①。』必用此为务，挽②近世涂民耳目，则几无行矣。

太史公曰：夫神农以前，吾不知已③。至若《诗》、《书》所述虞、夏以来，耳目欲极声色之好，口欲穷刍豢④之味，身安逸乐而心夸矜势能之荣。使俗之渐民久矣，虽户说以眇⑤论，终不能化。故善者因之，其次利道⑥之，其次教诲之，其次整齐之，最下者与之争。

夫山西饶材⑦、竹、旄⑧、玉石，山东多鱼、盐、漆、丝、声色，江南出荼、梓、姜、桂、金、锡、连⑨、丹沙⑩、犀、玳瑁⑪、珠玑⑫、齿、革，龙门⑬碣石⑭北多马、牛、羊、旃⑮裘、筋、角⑯；铜、铁则千里往往山出置。此其大较也。皆中国人民所喜好，谣俗被服饮食奉生送死之具也。故待农而食之，虞⑰而出之，工而成之，商而通之。此宁有政教发征期会哉？人各任其能，竭其力，以得所欲。故物贱之征贵，贵之征贱，各劝其业，乐其事，若水之趋下，日夜无休时，不召而自来，不求而民出之。岂非道之所符，而自然之验邪⑱？

《周书》⑲曰：『农不出则乏其食，工不出则乏其事，商不出则三宝绝，虞不出则财匮少。』财匮少而山泽不辟⑳矣。此四者，民所衣食之原㉑也。原大则饶，原小则鲜。上则富国，下则富家。贫富之道，莫之夺予，而巧者有余，拙者不足。故太公望㉒封于营丘，地潟卤，人民寡，于是太公劝其女功，极技巧，通鱼盐，则人物归之，繦至㉓而辐凑。故齐冠带衣履天下，海岱之间敛袂而往朝焉。其后齐中衰，管子修之，设轻重九府，则桓公以霸，九合诸侯，一匡天下；而管氏亦有三归㉔，位在陪臣㉕，富于列国之君。是以齐富强至于威宣㉖也。

故曰：『仓廪实而知礼节，衣食足而知荣辱。』礼生于有而废于无。故君子富，好行其德；小人富，以适其力。渊深而鱼生之，山深而兽往之，人富而仁义附焉。富者得执益彰，失执则客无所之，以而不乐。夷狄益甚。谚曰：『千金之子，不死于市。』此非空言也。故曰：『天下熙熙，皆为利来；天下壤壤㉗，皆为利往。』夫千乘之王，万家之侯，百室之君，尚犹患贫，而况匹夫编户㉘之民乎！

注释

①『至治之极』八句：引自《老子》，但文字略有不同。
②挽：同『晚』。
③已：同『矣』。
④刍豢：指牲畜的肉。用草饲养的叫『刍』，如牛、羊；用粮食饲养的叫『豢』，如猪、狗。
⑤眇：同『妙』。
⑥道：同『导』。
⑦饶材：即楮（楚）树，树皮可以造纸。
⑧旄：旄牛，其尾有长毛，可供旗帜装饰之用。
⑨连：同『链』，铅矿石。
⑩丹沙：同『丹砂』，矿物名，俗称朱砂。
⑪玳瑁：龟类，其甲为名贵的装饰品。

⑫玑：不圆的珠子。
⑬龙门：山名，在今山西稷山县和陕西韩城县之间。
⑭碣石：山名，在今河北昌黎县西北。
⑮旃：同『毡』。
⑯筋、角：兽筋，兽角，可用以制造弓弩。
⑰虞：掌管山林川泽出产的官，此指开发山林川泽的人。
⑱邪：同『耶』。
⑲周书：指《逸周书》。
⑳辟：同『僻』。
㉑原：同『源』。
㉒太公望：即姜尚，相传他姓姜，名尚，字子牙，其先人封在吕地，故又称吕尚。
㉓至：犹言襁负而至。
㉔三归：按常例应归公室所有的市租。
㉕陪臣：诸侯之大夫对天子自称陪臣。
㉖威、宣：齐威王，名婴齐，田桓公之子。宣，齐宣王，名辟疆，威王之子。

㉗ 壤壤：同『攘攘』。

㉘ 编户：编入户口册。

点评

本文是《史记·货殖列传》的序言。货殖，就是靠贸易来生财求富的意思。此文与司马迁的另一篇文章《平准书》，一起开创了在正史中记载社会经济活动的先例，为后世了解、研究前人的经济活动留下了宝贵的资料。《货殖列传》详细介绍了有关货殖的各种情况，以及各地货物、人民生活和社会风气等，是关于古代社会经济的重要文献。

作者用发展的眼光来剖析老子关于『鸡犬之声相闻，老死不相往来』的观点，对汉武帝也作了直截了当的批评，体现出了他作为一个史学家的骨气。全文夹叙夹议，文笔流畅，比喻恰当，尤其对人物的描写栩栩如生。

太史公自序（司马迁）

太史公曰：『先人①有言：「自周公②卒五百岁而有孔子。孔子卒后至于今五百岁，有能绍明世、正《易传》③，继《春秋》本《诗》《书》《礼》《乐》之际？」』意在斯乎！意在斯乎！小子何敢让焉！

上大夫壶遂④曰：『昔孔子何为而作《春秋》哉』？太史公曰：『余闻董生⑤曰：「周道衰废，孔子为鲁司寇⑥，诸侯害子，大夫雍之。孔子知言之不用，道之不行也，是非二百四十二年之中，以为天下仪表，贬天子，退诸侯，讨大夫，以达王事而已矣。」子曰：「我欲载之空言，不如见之于行事之深切著明也。」夫《春秋》，上明三王⑦之道，下辨人事之纪，别嫌疑，明是非，定犹豫，善善恶恶，贤贤贱不肖，存亡国，继绝世，补弊起废，王道之大者也。《易》著天地、阴阳⑧、四时⑨、五行⑩，故长于变；《礼》经纪人伦，故长于行；《书》记先王之事，故长于政；《诗》记山川、溪谷、禽兽、草木、牝牡⑪、雌雄，故长于风；《乐》乐所以立，故长于和；《春秋》辨是非，故长于治人。是故《礼》以节人，《乐》以发和，《书》以道事，《诗》以达意，《易》以道化，《春秋》以道义。拨乱世反之正，莫近于《春秋》。《春秋》文成数万，其指⑫数千。万物之散聚皆在《春秋》。《春秋》之中，弑⑬君三十六，亡国五十二，诸侯奔走不得保其社稷⑭者不可胜数。察其所以，皆失其本已。故《易》曰「失之毫厘，差之千里。」故曰「臣弑君，子弑父，非一旦一夕之故也，其渐久矣」。故有国者不可以不知《春秋》，前有谗而弗见，后有贼而不知。为人臣者不可以不知《春秋》，守经事而不知其宜，遭变事而不知其权。为人君父而不通于《春秋》之义者，必蒙首恶之名。为人臣子而不通于《春秋》之义者，必陷篡弑之诛，死罪之名。其实皆以为善，为之不知其义，被之空言而不敢辞。夫不通礼义之旨，至于君不君，臣不臣，父不父，子不子。夫君不君则犯，臣不臣则诛，父不父则无道，子不子则不孝。此四行者，天下之大过也。以天下之大过予之，则受而弗敢辞。故《春秋》者，礼义之大宗也。夫礼禁未然之前，法施已然之后；法之所为用者易见，而礼之所为禁者难知。』

壶遂曰：『孔子之时，上无明君，下不得任用，故作《春秋》，垂空文以断礼义，当一王之法。今夫子上遇明天子，下得守职，万事既具，咸各序其宜，夫子所论，欲以何明？」

太史公曰：『唯唯，否否，不然。余闻之先人曰：「伏羲⑮至纯厚，作《易》八卦。尧舜之盛，《尚书》载之⑯，礼乐作焉。汤武⑰之隆，诗人歌之⑱。《春秋》采善贬恶，推三代⑲之德，褒周室，非独刺讥而已也。」汉兴以来，至明天子，获符瑞⑳，封禅㉑，改正朔㉒，易服色㉓，受命于穆清㉔，泽流罔极，海外殊俗，重译㉕款塞，请来献见者不可胜道。臣下百官力诵圣德，犹不能宣尽其意。且士贤能而不用，有国者之耻；主上明圣而德不布闻，有司之过也。且余尝掌其官，废明圣盛德不载，灭功臣世家贤大夫之业不述，堕先人所言，罪莫大焉。余所谓述故事，整齐其世传，非所谓作也，而君比之于《春秋》，谬矣。』

于是论次其文。七年而太史公遭李陵㉖之祸，幽于缧绁㉗。乃喟然而叹曰：『是余之罪也夫。是余之罪也夫！身毁不用矣！』退而深惟曰：『夫《诗》、《书》隐约者，欲遂其志之思也。昔西伯拘羑里，演《周易》㉘；孔子厄陈、蔡，作《春秋》㉙；屈原放逐，著《离骚》；左丘㉚失明，厥有《国语》；孙子膑脚㉛，而论兵法；不韦迁蜀，世传《吕览》㉜；韩非囚秦，《说难》、《孤愤》㉝；《诗》三百篇，大抵贤圣发愤之所为作也。此人皆意有所郁结，不得通其道也，故述往事，思来者。』于是卒述陶唐㉞以来，至于麟止㉟，自黄帝㊱始。

注释

① 先人：指司马迁的父亲司马谈。

② 周公：姓姬，名旦，周武王之弟，周成王之叔。

③《易传》：《周易》的组成部分，是儒家学者对古代占筮用《周易》所作的各种解释。

④ 壶遂：人名，曾和司马迁一起参加太初改历，官至詹事，秩二千石，故称「上大夫」。

⑤ 董生：指汉代儒学大师董仲舒。

⑥ 孔子为鲁司寇：鲁定公十年（前五〇〇），孔子在鲁国由中都宰升任司空和大司寇，是年五十二岁。司寇，掌管刑狱的官。

⑦ 三王：指夏、商、周三代的开国之君禹、汤、文王。

⑧ 阴阳：古代以阴阳解释世间万物的发展变化，凡天地万物皆分属阴阳。

⑨ 四时：春、夏、秋、冬四季。

⑩ 五行：水、火、木、金、土等五种基本元素，古人认为它们之间会相生相克。

⑪ 牝牡：牝为雌，牡为雄。

⑫ 指：同「旨」。

⑬ 弑：古时称臣杀君、子杀父母曰「弑」。

⑭ 社稷：土神和谷神。古时王朝建立，必先立社稷坛；灭人之国，也必先改置被灭国的社稷坛。故以社稷为国家政权的象征。

古文观止 精注精评

⑮伏羲：神话中人类的始祖。曾教民结网，从事渔猎畜牧。据说《易经》中的八卦就是他画的。

⑯《尚书》载之：《尚书》的第一篇《尧典》，记载了尧禅位给舜的事迹。

⑰汤：商朝的建立者。武：周武王，西周王朝的建立者。

⑱诗人歌之：《诗经》中有《商颂》五篇，内容多是对殷代先王先公的赞颂。

⑲三代：夏、商、周。

⑳符瑞：吉祥的征兆。

㉑封禅：帝王祭天地的典礼。

㉒正朔：正是一年的开始，朔是一月的开始；正朔即指一年的第一天。

㉓易服色：更改车马、祭牲的颜色。

㉔穆清：指天。

㉕重译：经过几重翻译。喻远方邻邦。

㉖遭李陵之祸：李陵，陇西成纪（今甘肃秦安）人，汉名将李广之孙，善于骑射，汉武帝时官拜骑都尉。

㉗缧绁：原是捆绑犯人的绳索，这里引申为监狱。

㉘西伯拘羑里，演《周易》：周文王被殷纣王拘禁在羑里（今河南汤阴县北）时，把上古时代的八卦推演成六十四卦，这就是《周易》一书的骨干。

㉙孔子厄陈、蔡，作《春秋》：孔子为了宣传自己的政治主张，曾周游列国，但到处碰壁，在陈国和蔡国，还受到了绝粮和围攻的困厄。其后返回鲁国写作《春秋》。

㉚左丘：春秋时鲁国的史官。相传他失明以后，撰写成《国语》一书。

㉛孙子膑脚，而论兵法：孙子，即孙膑，因受一种截去两腿膝盖上膑骨的膑刑以后得名。著有《孙膑兵法》。

㉜不韦迁蜀，世传《吕览》：不韦即吕不韦，战国末年的大商人。他曾命门下的宾客编撰了《吕氏春秋》又称《吕览》一书。

㉝韩非囚秦，《说难》、《孤愤》：韩非是战国末期法家的代表，出身韩国贵族。为李斯所谗，在狱中自杀。《说难》、《孤愤》是《韩非子》中的两篇。

㉞陶唐：即唐尧。尧最初住在陶丘（今山东定陶县南），后又迁往唐（今河北唐县），故称陶唐氏。

㉟至于麟止：汉武帝元狩元年（前一一七年），猎获白麟一只，《史记》记事即止于此年。鲁哀公十四年（前四八一年），亦曾猎获麒麟，孔子听说后，停止了《春秋》的写作，后人称之为「绝笔于获麟」。

㊱黄帝：传说中中原各族的共同祖先，姬姓，号轩辕氏、有熊氏。

点评

《太史公自序》是司马迁为《史记》一书所作的序文，排在全书的最后。全序分为三部分：第一部分，叙述司马氏的世系及其父司马谈的论六家要旨；第二部分叙述司马迁自己的经历及作《史记》的原由旨趣；第三部分对《史记》中的每一篇作了非常简要的介绍。文章气势浩瀚，宏伟深厚，是研究司马迁及其《史记》的重要资料。

《史记》自《黄帝本纪》起百三十篇，合而论之，总是一篇。篇终必须收束得尽，承载得起，意理要包括得完，气象更要笼罩得住。《史记》的最后一篇以自序世系开始，逐层卸下，中载六家、六经两论，气势已极隆，后又排出一百三十段，行行列列，整整齐齐，最后又总序一百三十篇总目，其可谓无往不收，无微不尽。其文势有如百川汇海，万壑朝宗，难怪乎后世之学士文人有望洋向若之叹了。

报任安书（司马迁）

太史公、牛马走①司马迁再拜言。

少卿足下：曩②者辱赐书，教以顺于接物，推贤进士为务。意气勤勤恳恳，若望③仆不相师用，而流④俗人之言。仆非敢如是也！虽罢⑤驽，亦尝侧闻⑥长者遗风矣。顾自以为身残处秽⑦，动而见尤，欲益反损，是以抑郁而无谁语。谚曰：『谁为为之？孰令听之？』盖钟子期死，伯牙终身不复鼓琴⑧。何则？士为知己用，女为说⑨己容。若仆大质已亏缺，虽材怀随、和⑩，行若由、夷⑪，终不可以为荣，适足以发笑而自点⑫耳。书辞宜答，会东从上来⑬，又迫贱事，相见日浅，卒卒⑭无须臾之间得竭指意。今少卿抱不测之罪，涉旬月，迫季冬⑮，仆又薄从上上雍⑯，恐卒然不可讳⑰。是仆终已不得舒愤懑以晓左右，则长逝者魂魄私恨无穷。请略陈固陋。阙然久不报，幸勿过。

仆闻之：『修身者智之府也；爱施者仁之端也；取予者义之符也；耻辱者勇之决也；立名者行之极也。』士有此五者，然后可以托于世，列于君子之林矣。故祸莫憯⑱于欲利，悲莫痛于伤心，行莫丑于辱先，而诟莫大于宫刑⑲。刑余之人，无所比数，非一世也，所从来远矣。昔卫灵公与雍渠载，孔子适陈⑳；商鞅因景监见，赵良寒心㉑；同子参乘，爰丝变色㉒：自古而耻之。夫中材之人，事关于宦竖㉓，莫不伤气，况忼慨㉔之士乎？如今朝虽乏人，奈何令刀锯之余荐天下豪隽哉？

仆赖先人绪业，得待罪㉕辇毂下，二十余年矣。所以自惟㉖：上之，不能纳忠效信，有奇策材力之誉，自结明主；次之，又不能拾遗补阙，招贤进能，显岩穴之士；外之，不能备行伍，攻城野战，有斩将搴㉗旗之功；下之，不能累日积劳，取尊官厚禄，以为宗族交游光宠。四者无一遂，苟合取容，无所短长之效，可见于此矣。乡者，仆亦尝厕㉘下大夫之列，陪外廷㉙末议。不以此时引维纲㉚，尽思虑，今已亏形为埽㉛除之隶，在阘茸㉜之中，乃欲卬㉝首信㉞眉，论列是非，不亦轻朝廷、羞当世之士邪！嗟乎！嗟乎！如仆，尚何言哉！尚何言哉！

且事本末未易明也。仆少负不羁之才，长无乡曲㉟之誉。主上幸以先人之故，使得奉薄技，出入周卫㊱之中。仆以为戴盆何以望天㊲？故绝宾客之知，忘室家之业，日夜思竭其不肖之材力，务壹心营职，以求亲媚于主上。而事乃有大谬不然者。

夫仆与李陵㊳俱居门下，素非相善也。趣舍㊴异路，未尝衔杯酒㊵接殷勤之欢。然仆观其为人自奇士，事亲孝，与士信，临财廉，取予义，分别有让，恭俭下人，常思奋不顾身以徇国家之急。其素所畜㊶积也，仆以为有国士之风。夫人臣出万死不顾一生之计，赴公家之难，斯已奇矣。今举事壹不当，而全躯保妻子之臣随而媒孽[42]其短，仆诚私心痛之。且李陵提步卒不满五千，深践戎马之地，足历王庭[43]，垂饵虎口，横挑彊[44]胡，卬[45]亿万之师，与单于连战十余日，所杀过当，虏救死扶伤不给，旃[46]裘之君长咸震怖，乃悉徵左右贤王[47]，举引弓之民，一国共攻而围之。转斗千里，矢尽道穷，救兵不至，士卒死伤如积。然李陵一呼劳军，士无不起躬流涕，沬[48]血饮泣，张空拳[49]，冒白刃，北首争死敌。陵未没时，使有来报，汉公卿王侯皆奉觞上寿[50]。后数日，陵败书闻，主上为之食不甘味，听朝不怡。大臣忧惧，不知所出。仆窃不自料其卑贱，见主上惨凄怛[51]悼，诚欲效其款款[52]之愚。以为李陵素与士大夫[53]绝甘[54]分少，能得人之死力，虽古名将不过也。身虽陷败，彼观其意，且欲得其当而报汉。事已无可奈何，其所摧败，功亦足以暴于天下。仆怀欲陈之，而未有路。适会召问，即以此指[55]推言陵功，欲以广主上之意，塞睚眦[56]之辞。未能尽明，明主不深晓，以为仆沮[57]贰师，而为李陵游说，遂下于理[58]。拳拳之忠，终不能自列，因为诬上，卒从吏议。家贫，财赂不足以自赎，交游莫救，左右亲近不为壹言。身非木石，独与法吏为伍，深幽囹圄[59]之中，谁可告愬[60]者！此正少卿所亲见，仆行事岂不然邪？李陵既生降，隤[61]其家声，而仆又茸[62]以蚕室，重为天下观笑。悲夫！悲夫！事未易一二为俗人言也。

仆之先人非有剖符[63]丹书之功，文史星历[64]近乎卜祝之间，固主上所戏弄，倡优畜[65]之，流俗之所轻也。假令仆伏法受诛，若九牛亡一毛，与蝼蚁[66]何异？而世又不与能死节者比，特以为智穷罪极，

不能自免，卒就死耳。何也？素所自树立使然。人固有一死，死有重于泰山，或轻于鸿毛，用之所趋异也。太上，不辱先；其次，不辱身；其次，不辱理色；其次，不辱辞令；其次，诎[67]体受辱；其次，易服[68]受辱；其次，关木索[69]、被箠楚受辱；其次，鬄[70]毛发、婴[71]金铁受辱；其次，毁肌肤、断支体受辱；最下腐刑[72]，极矣。传曰『刑不上大夫』[73]，此言士节不可不厉也。猛虎处深山，百兽震恐，及其在穽[74]槛之中，摇尾而求食，积威约之渐也。故士有画地为牢势不入，削木为吏议不对，定计于鲜[75]也。今交手足，受木索，暴肌肤，受榜[76]箠，幽于圜墙之中。当此之时，见狱吏则头枪[77]地，视徒隶则心惕息[78]。何者？积威约之势也。及已至此，言不辱者，所谓彊颜耳，曷足贵乎？且西伯[79]，伯也，拘牖里[80]；李斯[81]，相也，具五刑[82]；淮阴[83]，王也，受械于陈[84]；彭越[85]、张敖[86]南乡称孤，系狱具罪；绛侯[87]诛诸吕，权倾五伯[88]，囚于请室[89]；魏其[90]，大将也，衣赭关三木[91]；季布[92]为朱家钳奴；灌夫[93]受辱居室[94]。此人皆身至王侯将相，声闻邻国，及罪至罔[95]加，不能引决自财[96]。在尘埃之中。古今一体，安在其不辱也！由此言之，勇怯，势也；彊弱，形也。审矣，曷足怪乎！且人不能蚤[97]自财绳墨之外，已稍陵夷，至于鞭箠之间，乃欲引节，斯不亦远乎！古人所以重施刑于大夫者，殆为此也。

夫人情莫不贪生恶死，念亲戚，顾妻子。至激于义理者不然，乃有不得已也。今仆不幸，蚤失二亲，无兄弟之亲，独身孤立。少卿视仆于妻子何如哉？且勇者不必死节，怯夫慕义，何处不勉焉！仆虽怯耎[98]欲苟活，亦颇识去就之分矣，何至自湛[99]溺累绁之辱哉？且夫臧获[100]婢妾犹能引决，况若仆之不得已乎？

所以隐忍苟活，函粪土之中而不辞者，恨私心有所不尽，鄙没世而文采不表于后也。

古者富贵而名摩灭，不可胜记，唯俶傥[101]非常之人称焉。盖西伯拘而演《周易》[102]；仲尼厄而作《春秋》[103]；屈原[104]放逐，乃赋《离骚》；左丘[105]失明，厥有《国语》；孙子[106]膑脚，《兵法》修列；不韦迁蜀，世传《吕览》[107]；韩非[108]囚秦，《说难》、《孤愤》。《诗》三百篇[109]，大氐圣贤发愤之所为作也。此人皆意有所郁结，不得通其道，故述往事，思来者。及如左丘明无目，孙子断足，终不可用，退论书策以舒其愤，思垂空文以自见。仆窃不逊，近自托于无能之辞，网罗天下放失[110]旧闻，考之行事，稽其成败兴坏之理。上计轩辕，下至于兹。为十表，本纪十二，书八章，世家三十，列传七十，凡百三十篇，亦欲以究天人之际，通古今之变，成一家之言。草创未就，适会此祸，惜其不成，是以就极刑而无愠[111]色。仆诚已著此书，藏之名山，传之其人，通邑大都。则仆偿前辱之责，虽万被戮，岂有悔哉？然此可为智者道，难为俗人言也。

且负下未易居，下流多谤议。仆以口语遇遭此祸，重为乡党戮[112]笑，汙辱先人，亦何面目复上父母之丘墓乎？虽累百世，垢弥甚耳！是以肠一日而九回[113]，居则忽忽若有所亡，出则不知所如往。每念斯耻，汗未尝不发背沾衣也。身直为闺阁之臣[114]，宁得自引深臧于岩穴邪？故且从俗浮湛，与时俯仰，以通其狂惑。今少卿乃教以推贤进士，无乃与仆之私指谬乎。今虽欲自彫瑑[115]，曼辞以自解，无益，于俗不信，祗取辱耳。要之死日，然后是非乃定。书不能尽意，故略陈固陋。谨再拜。

注释

①牛马走：谦词，意为象牛马一样以供奔走。

②曩：从前。

③望：怨。

④流：流转、迁移的意思。

⑤罢：同「疲」。

⑥侧闻：从旁听说。犹言「伏闻」，自谦之词。

⑦身残处秽：指因受宫刑而身体残缺，兼与宦官贱役杂处。

⑧钟子期、伯牙：春秋时楚人。伯牙善鼓琴，钟子期知音。钟子期死后，伯牙破琴绝弦，终身不复鼓琴。事见《吕氏春秋·本味篇》。

⑨说：同「悦」。

⑩随、和：随侯之珠和和氏之璧，是战国时的珍贵宝物。

⑪由、夷：许由和伯夷，两人都是古代被推为品德高尚的人。

⑫点：玷污。

⑬会东从上来：太始四年（前九三年）三月，汉武帝东巡泰山，四月，又到海边的不其山，五月间返回长安。司马迁从驾而行。

⑭卒卒：同「猝猝」，匆匆忙忙的样子。

㊶畜：同「蓄」。
㊷媒孽：也作「孽」，酿酒的酵母。这里用作动词，夸大的意思。
㊸王庭：匈奴单于的居处。
㊹彊：同「强」。
㊺卬：即「仰」，仰攻。当时李陵军被围困谷地。
㊻旃：毛织品。
㊼左右贤王：左贤王和右贤王，匈奴封号最高的贵族。
㊽沬：以手掬水洗脸。
㊾卷：强硬的弓弩。
㊿上寿：这里指祝捷。
(51)怛：悲痛。
(52)款款：忠诚的样子。
(53)士大夫：此指李陵的部下将士。
(54)绝甘：舍弃甘美的食品。
(55)指：同「旨」。

(56)睚眦：怒目相视。
(57)沮：毁坏。
(58)理：掌司法之官。
(59)囹圄：监狱。
(60)愬：同「诉」。
(61)隤：坠毁。
(62)茸：推置其中。
(63)剖符：把竹做的契约一剖为二，皇帝与大臣各执一块，上面写着同样的誓词，说永远不改变立功大臣的爵位。
(64)文史星历：史籍和天文历法，都属太史令掌管。
(65)畜：同「蓄」。
(66)蝼螘：蝼蚁。螘，同「蚁」。
(67)诎：同「屈」。
(68)易服：换上罪犯的服装。古代罪犯穿赭（深红）色的衣服。
(69)木索：木枷和绳索。
(70)鬀：同「剃」，把头发剃光，即髡刑。

(71) 婴：环绕。

(72) 腐刑：即宫刑。

(73) 刑不上大夫：《礼记·曲礼》中语。

(74) 穽：捕兽的陷坑。

(75) 鲜：态度鲜明。即自杀，以示不受辱。

(76) 榜：鞭打。

(77) 枪：同「抢」。

(78) 惕息：胆战心惊。

(79) 西伯：即周文王，为西方诸侯之长。伯，通「霸」。

(80) 牖里：一作「羑里」，在今河南汤阴县。文王曾被殷纣王囚禁于此。

(81) 李斯：秦始皇时任为丞相，后因秦二世听信赵高谗言，被受五刑，腰斩于咸阳。

(82) 五刑：秦汉时五种刑罚，见《汉书·刑法志》「当三族者，皆先黥劓，斩左右趾，笞杀之，枭其首，菹其骨肉于市。」

(83) 淮阴：指淮阴侯韩信。

(84) 受械于陈：汉立，淮阴侯韩信被刘邦封为楚王，都下邳（今江苏邳县）。后高祖疑其谋反，用陈平之计，在陈（楚地）逮捕了他。械，拘禁手足的木制刑具。

(85) 彭越：汉高祖的功臣。

(86) 张敖：汉高祖功臣张耳的儿子，袭父爵为赵王。彭越和张敖都因被人诬告称孤谋反，下狱定罪。

(87) 绛侯：汉初功臣周勃，封绛侯。惠帝和吕后死后，吕后家族中吕产、吕禄等人谋夺汉室，周勃和陈平一起定计诛诸吕，迎立刘邦中子刘恒为文帝。

(88) 五伯：即「五霸」。

(89) 请室：大臣犯罪等待判决的地方。周勃后被人诬告谋反，囚于狱中。

(90) 魏其：大将军窦婴，汉景帝时被封为魏其侯。武帝时，营救灌夫，被人诬告，下狱判处死罪。

(91) 三木：头枷、手铐、脚镣。

(92) 季布：楚霸王项羽的大将，曾多次打击刘邦。

(93) 灌夫：汉景帝时为中郎将，武帝时官太仆。因得罪了丞相田蚡，被囚于居室，后受诛。

(94) 居室：少府所属的官署。

(95) 罔：同「网」，法网。

(96) 财：通「裁」。

(97) 蚤：通「早」。

(98) 耎：「软」的古字。

⑨湛：同『沉』。

⑩臧获：奴曰臧，婢曰获。

⑩俶傥：豪迈不受拘束。

⑩西伯拘而演《周易》：传说周文王被殷纣王拘禁在牖里时，把古代的八卦推演为六十四卦，成为《周易》的骨干。

⑩仲尼厄而作《春秋》：孔丘字仲尼，周游列国宣传儒道，在陈地和蔡地受到围攻和绝粮之苦，返回鲁国作《春秋》一书。

⑩屈原：曾两次被楚王放逐，幽愤而作《离骚》。

⑩左丘：春秋时鲁国史官左丘明。

⑩孙子：春秋战国时著名军事家孙膑。

⑩不韦：吕不韦，战国末年大商人，秦初为相国。曾命门客著《吕氏春秋》（一名《吕览》）。

⑩韩非：战国后期韩国公子，曾从荀卿学，入秦被李斯所谗，下狱死。著有《韩非子》，《说难》、《孤愤》是其中的两篇。

⑩《诗》三百篇：今本《诗经》共有三百零五篇，此举其整数。

⑩失：读为『佚』。

⑪愠：怒。

⑪戮笑：辱笑。

⑪九回：九转。形容痛苦之极。

⑪闺閤之臣：指宦官。闺、閤都是宫中小门，指皇帝深密的内廷。

⑪彫瑑：雕刻成连锦状的花纹。这里指自我妆饰。

点评

《报任安书》是司马迁任中书令时写给他的朋友任安的一封信。信中以无比愤激的心情，叙述自己蒙受的耻辱，倾吐他内心的痛苦和不满，说明自己『隐忍苟活』的原因，表达『就极刑而无愠色』、坚持完成《史记》的决心，同时也反映了他的文学观和生死观。所以，这封信是一篇研究《史记》和司马迁的生活、思想的重要文章。

班固在《汉书·司马迁传》的『赞』中，对这封信的评价是：『幽而发愤，书亦信矣。』颜师古注：『言其《报任安书》自陈己志，信不谬。』文中节选信的下半部分，就是为了突出『幽而发愤』『自陈己志』这个主题。

高帝求贤诏（《汉书》）

盖①闻王者莫高于周文，伯②者莫高于齐桓，皆待贤人而成名。今天下贤者智能，岂特③古之人乎？患在人主不交故也，士奚④由进？今吾以天之灵，贤士大夫，定有天下，以为一家。欲其长久，世世奉宗庙亡绝也。贤人已与我共平之矣，而不与吾共安利之，可乎？贤士大夫有肯从我游⑤者，吾能尊显之。布告天下，使明知朕意。

御史大夫⑥昌⑦下相国，相国酂侯⑧下诸侯王，御史中执法⑨下郡守⑩，其有意⑪称明德者，必身劝，为之驾，遣诣相国府，署行⑫、义⑬、年，有而弗言，觉免⑭。年老癃病⑮，勿遣。

注释

①盖：发语词。

②伯：通「霸」，诸侯的盟主。

③特：但，只是。

④奚：何。

⑤从我游：即参加治理天下。

⑥御史大夫：秦汉时仅次于丞相的中央最高长官。

⑦昌：周昌，沛县人，跟从刘邦入关破秦，建汉后为御史大夫，封汾阴侯。

⑧酂侯：即萧何，沛县人。官居丞相，封酂侯。

⑨御史中执法：即御史中丞，御史大夫的副手。

⑩郡守：始置于春秋战国时，初为武职，防守边郡。

⑪意：思想。

⑫行：品行。

⑬义：通「仪」，仪表，相貌。

⑭有而弗言，觉免：有贤才而郡守不报告，发觉后就罢免其官。

⑮癃病：手足不灵活的病。

点评

本文选自《汉书·高帝纪》，高帝即汉高祖刘邦。公元前206年，刘邦扫灭群雄建立汉朝之后，采取了各种稳定社会秩序的政策，而在全国范围内征召贤士更是其巩固政权的重要方略。高祖十一年（前196年），他亲自颁布求贤诏令，表现了思贤若渴的心情。这份诏令说明了征贤的目的、标准、步骤，要求严明，态度诚恳，文风质朴，大气磅礴，令人想见刘邦的为人。

文帝议佐百姓诏（《汉书》）

间①者数年比②不登③，又有水旱疾疫之灾，朕甚忧之。愚而不明，未达其咎④。意者朕之政有所失，而行有过与？乃天道有不顺，地利或不得，人事多失和，鬼神废不享与？何以致此？将百官之奉养或费，无用之事或多与？何其民食之寡乏也？

夫度田⑤非益寡，而计民未加益，以口量地，其于古犹有余，而食之甚不足者，其咎安在？无乃百姓之从事于末⑥以害农者蕃⑦，为酒醪⑧以靡⑨谷者多，六畜⑩之食焉者众与？细大之义，吾未能得其中。其与丞相、列侯、吏二千石⑪博士⑫议之，有可以佐百姓者，率意远思，无有所隐。

注释

①间：近来。

②比：近来，连续。

③登：作物的成熟和收获。

④咎：灾祸，祸根，也可引申为过失。

⑤度田：丈量土地。

⑥末：古有士、农、工、商的顺序，商排最末尾。有轻视商的意思。

⑦蕃：繁多。

⑧醪：酒。

⑨靡：浪费。

⑩六畜：即马、牛、羊、鸡、犬、豕。

⑪二千石：汉代内自九卿郎将，外至郡守，俸禄为二千石，即月俸百二十斛，这里是以禄俸为职务的代称。

⑫博士：秦及汉初立博士，掌管古今史事待问及书籍典守。到汉武帝时，设五经博士。

点评

汉文帝是封建社会中一位比较能体贴民间疾苦的皇帝，《议佐百姓诏》是他向百官探求民众疾苦的原因的诏书。诏书说明忧虑民生的日益困苦，然而先从朝廷行政和官吏方面设想民困的原因，又从民情习俗方面设想民困的原因，最后令丞相、列侯、吏二千石、博士等仔细讨论，不可以隐讳。通篇辞意委婉，官式文书而如话家常，流露在字里行间的爱民之心，特别感人。

景帝令二千石修职诏（《汉书》）

雕文刻镂①，伤农事者也；锦绣纂组②，害女红③者也。农事伤，则饥之本也；女红害，则寒之原也。夫饥寒并至，而能无为非④者寡矣。朕亲耕，后亲桑，以奉宗庙粢盛⑤祭服，为天下先。不受献，减太官，省繇赋⑥，欲天下务农蚕，素有畜积⑦，以备灾害；强毋攘弱，众毋暴寡，老耆⑧以寿终，幼孤得遂长⑨。

今岁或不登，民食颇寡，其咎安在？或诈伪为吏，吏以货赂为市，渔夺百姓，侵牟⑩万民。县丞⑪，长吏也，奸法与盗盗⑫，甚无谓⑬也！其令二千石修其职！不事官职耗乱⑭者，丞相以闻，请⑮其罪。布告天下，使明知朕意！

注释

①雕文刻镂：指在器物上雕刻文采。镂，雕刻。

②纂组：赤色丝带。纂，音「转」。

③女红：女工，指采桑、养蚕、织衣。

④为非：做坏事。

⑤粢盛：古时盛在祭器内以供祭祀的谷物。

⑥繇赋：徭役、赋税。

⑦畜积：蓄积。

⑧耆：古称六十岁。

⑨遂长：成长。

⑩侵牟：剥削、侵蚀。牟，害虫也。

⑪县丞：县令之佐，属吏之长。

⑫与盗盗：和强盗一同抢夺。

⑬无谓：没有道理。

⑭耗乱：昏乱不明。

⑮请：定。

点评

《景帝令二千石修职诏》是在景帝去世前一年发布的诏令。文中对民间疾苦的关心与汉文帝《议佐百姓诏》一脉相承。所不同的是，本文以农工为本的思想和自己亲自耕作，无非希望百姓安居乐业讲起，然后直接指出「民食颇寡」的重要原因是「诈伪为吏」而「渔夺百姓」，助盗为盗，打算整顿吏治，而且首先要求二千石的高级官员各修其职。诏书真诚恻怛而有条有理，显示汉景帝不但十分关心百姓疾苦，而且有清醒的政治头脑和果敢严厉的吏治手段。

武帝求茂才①异等诏（《汉书》）

盖有非常之功，必待非常之人，故马或奔踶②而致千里，士或有负俗之累而立功名。夫泛驾③之马，跅弛④之士，亦在御之而已。其令州郡察吏民有茂材异等可为将相及使绝国⑤者。

注释

①茂才：西汉称秀才，东汉避汉光武帝刘秀之讳改称茂才，又常称作「茂才异等」。

②奔踶：奔驰，踢人。意谓不驯服。

③泛驾：把车子弄翻，指不受驾驭。

④跅弛：放纵不羁。

⑤绝国：极为辽远的邦国。

点评

这篇文章是汉武帝为建功立业发出的征求贤才的号召书。文章强调了建设国家与发掘人才的密切关系，提出了大行不避细节的选拔原则。这篇诏书文字精炼，表现了大汉恢宏的风范和招揽贤良之急切，其爱才的胸襟令人景仰。此外，对人才也不求全责备，只要是千里马，偶尔踢人也无妨。这都是符合『人才学』原理的。

过秦论（上）（贾谊）

秦孝公[1]据殽函之固，拥雍州[2]之地，君臣固守，而窥周室[3]；有席卷天下、包举宇内、囊括四海之意，并吞八荒[4]之心。当是时，商君[5]佐之，内立法度，务耕织，修守战之备；外连衡[6]而斗诸侯。于是秦人拱手[7]而取西河之外[8]。

孝公既没，惠文、武、昭[9]蒙故业，因遗册[10]，南兼汉中[11]，西举巴蜀[12]，东据膏腴之地，收要害之郡。诸侯恐惧，会盟而谋弱秦。不爱珍器、重宝、肥美之地，以致天下之士，合从缔交，相与为一。当是时，

齐有孟尝[13]，赵有平原[14]，楚有春申[15]，魏有信陵[16]。此四君者，皆明知而忠信，宽厚而爱人，尊贤重士，约从离衡[17]，并韩、魏、燕、楚、齐、赵、宋、卫、中山之众。于是六国之士，有宁越、徐尚、苏秦、杜赫之属为之谋，齐明、周最、陈轸、昭滑、楼缓、翟景、苏厉、乐毅之徒通其意，吴起、孙膑、带佗、兒良、王廖、田忌、廉颇、赵奢之朋制其兵[18]。常以十倍之地，百万之众，叩关而攻秦。秦人开关延敌，九国之士逡巡[19]遁逃而不敢进。秦无亡矢遗镞[20]之费，而天下诸侯已困矣。于是纵散约解，争割地而奉秦。秦有余力制其弊，追亡逐北[21]，伏尸百万，流血漂卤[22]。因利乘便，宰割天下，分裂河山，彊[23]国请服，弱国入朝。

延及孝文王、庄襄王，享国日浅[24]，国家无事。及至秦王[25]，续六世[26]之余烈，振长策而御宇内，吞二周[27]而亡诸侯，履至尊而制六合[28]，执棰拊[29]以鞭笞天下，威震四海。南取百越[30]之地，以为桂林、象郡[31]。百越之君，俛[32]首系颈，委命下吏。乃使蒙恬[33]北筑长城，而守藩篱[34]，却匈奴七百余里。胡人不敢南下而牧马，士不敢弯弓而报怨。

于是废先王之道，焚百家之言[35]，以愚黔首[36]。隳[37]名城，杀豪俊，收天下之兵聚之咸阳，销锋[38]铸鐻，以为金人十二，以弱黔首之民。然后斩华为城[39]，因河为津[40]，据亿丈之城，临不测之溪以为固。良将劲弩，守要害之处，信臣精卒，陈利兵而谁何[41]！天下已定，秦王之心，自以为关中之固，金城千里，子孙帝王万世之业也。

秦王既没，余威震于殊俗[42]。然而陈涉，瓮牖[43]绳枢[44]之子，甿[45]隶之人，而迁徙之徒[46]，才能不及中人，非有仲尼、墨翟[47]之贤，陶朱[48]、猗顿之富；蹑足行伍[49]之间，而崛起什伯[50]之中，率罢[51]散之卒，将数百之众，而转攻秦。斩木为兵，揭竿为旗，天下云集响应，赢[52]粮而景从，山东豪俊遂并起而亡秦族矣。

且夫天下非小弱也。雍州之地，殽函之固，自若也。陈涉之位，非尊于齐、楚、燕、赵、宋、卫、中山之君；鉏[53]櫌棘矜[54]，非铦[55]于句戟[56]长铩[57]也；適戍[58]之众，非抗[59]于九国之师；深谋远虑，行军用兵之道，非及乡[60]时之士也。然而成败异变，功业相反也。试使山东之国与陈涉度长絜大[61]，比权量力，则不可同年而语矣。然秦以区区之地，千乘之权[62]，招八州[63]而朝同列，百有余年矣。然后以六合为家，殽、函为宫。一夫作难而七庙[64]堕，身死人手，为天下笑者，何也？仁义不施，而攻守之势异也。

注释

①秦孝公：名渠梁，前三六一至前三三八年在位。他支持变法，使秦国开始走上了国富兵强的道路。

②雍州：古九州之一。

③周室：指衰弱的东周王朝。

④八荒：即八方。

⑤商君：即商鞅，原是卫国的庶公子，称卫鞅，好刑名之学。

⑥连衡：即连横。古人以东西为横，以南北为纵。地处西方的秦和处于东方的齐、楚等国联合起来以攻打别国，叫连横；东方各国北自燕，南至楚联合起来抗秦，叫合纵。

⑦拱手：两手合抱，喻很轻松的样子。

⑧西河之外：指魏国在黄河以西的地区。

⑨惠文、武、昭：《汉书》此处作「惠文、武、昭襄」，《史记》作「惠王、武王」。今从《文选》。

⑩遗册：册一作「策」，指秦孝公记载政治计划的简册。

⑪汉中：今陕西南部一带。

⑫巴蜀：皆古国名。巴，在今四川东部；蜀，在今四川西部。

⑬孟尝：孟尝君田文。

⑭平原：平原君赵胜。

⑮春申：春申君黄歇。

⑯信陵：信陵君魏无忌。以上四人是战国时著名的四公子，以招贤纳士著称。

⑰约从离衡：即山东各国相约「合纵」，以离散秦「连横」之策。

⑱以上所列数人，包括了政治、军事、外交等各方面的人，有些人事迹已不详。

⑲逡巡：迟疑徘徊，欲行又止。

⑳镞：箭头。

㉑北：败走。

㉒卤：《文选》作『橹』，大的盾牌。

㉓彊：通『强』。

㉔享国日浅：孝文王在位仅数日，庄襄王在位也不过三年。

㉕秦王：指秦始皇嬴政。

㉖六世：指秦孝公以下六王。

㉗二周：东周末年赧王时，东西周分治，西周都王城，东周都巩。秦昭襄王五十一年灭西周，庄襄王元年灭东周。

㉘六合：天、地和四方。

㉙拊：大棒。

㉚百越：古代越族散居在今浙江、福建、广东、广西一带，因其种类繁多，故称百越。

㉛桂林、象郡：桂林郡地处今广西北部及东部地区，象郡地处今广西南部地区，两郡均为秦始皇新置。

㉜俛：同『俯』。

㉝蒙恬：秦名将。秦统一六国后，蒙恬率兵三十万击退匈奴，并主持修筑长城。后为秦二世所逼，自杀。

㉞藩篱：篱笆，这里引申为边疆。

㉟废先王之道，焚百家之言：秦始皇三十四年（前二一三年），博士淳于越反对郡县制，实行分封制。丞相李斯竭力驳斥。秦始皇遂下令焚烧《秦记》以外的各国史记和《诗》《书》。次年又将四百六十多名方士和儒生坑死在咸阳。史称『焚书坑儒』。

㊱黔首：百姓。黔，黑色。

㊲堕：毁坏。

㊳锋：兵器。鐻：钟鼓的架子。

㊴斩华为城：斩一作『践』，是。斩华为城，即据守华山以为帝都的东城。

㊵因河为津：以黄河作为帝都咸阳的护城河。

㊶谁何：关塞上的卫兵盘问来往行人。何，呵问。

㊷殊俗：风俗异于汉族的地区。

㊸甕牖：即用破甕砌成的窗。甕，陶制器皿。牖，窗。

㊹绳枢：用绳子系住门板。枢，门上的轴。

㊺甿：古『氓』字。隶：低贱的人。

㊻迁徙之徒：谪罚去边地戍守的士卒。

㊼墨翟：墨子名翟。

㊽陶朱：范蠡辅佐越王勾践灭吴后，弃官出走，在陶（今山东曹县）经商，号陶朱公。

㊾行伍：都是军队下层组织的名称。

㊿什伯：军队中的下级军官。
(51)罢：同『疲』。
(52)赢：担负。
(53)鉏：同『锄』。
(54)棘矜：棘木做的矛柄。
(55)铦：锋利。
(56)句戟：即钩戟。
(57)铩：长矛类兵器。
(58)適戍：被谪征发戍守边地。適，同『谪』。
(59)抗：同『亢』，高出，超过。
(60)乡：通『向』。
(61)度长絜大：比量长短大小。絜，度量物体的粗细。
(62)千乘之权：拥有千辆战车的国家，即中等实力之国。
(63)八州：九州中除雍州以外的八州。
(64)七庙：古代天子设七庙供奉七代祖先。

点评

过秦，归罪于秦的意思。贾谊写作此文，目的在于总结秦亡的教训，为汉文帝提供政治上的鉴戒。贾谊认为，秦之过，在于『仁义不施』，不知『攻守之势异』。

本文放笔极言秦朝兴盛的过程，以大量的事件和人物进行铺张和渲染，层层推进，直泻而下，大有一发而不可收的气势。可是，待到高潮之际，忽而一转，勾出一群『俛起阡陌之中』的『罢弊之卒』，竟将『亡秦族矣』，令人感叹不已。当读者犹在感叹之际，贾谊却仅以一短句作结，指出秦朝的过失在于『仁义不施』，从而点明写作意图，又将思考的余地留给了读者。

在中国散文史上，《过秦论》首创了『史论』这一体裁，对汉以后的散文创作产生了重要影响。

治安策（贾谊）

夫树国①固，必相疑②之势也，下数被③其殃，上数爽④其忧，甚非所以安上而全下⑤也。今或亲弟⑥谋为东帝，亲兄之子⑦西乡而击，今吴又见告⑧矣。天子春秋鼎盛⑨，行义未过⑩，德泽有加焉，犹尚如是，况莫大⑪诸侯权力且十此⑫者乎！

然而天下少安，何也？大国之王⑬幼弱未壮，汉之所置傅相⑭方握其事。数年之后，诸侯之王大抵皆冠⑮，血气方刚，汉之傅相称病而赐罢，彼自丞尉⑯以上偏⑰置私人，如此，有异淮南、济北之为邪？

此时而欲为治安，虽尧舜不治。

黄帝曰：『日中必彗[18]，操刀必割。』今令此道顺[19]，而全安[20]甚易；不肯早为，已乃堕骨肉之属[21]而抗[22]刭之，岂有异秦之季世[23]乎！夫以天子之位，乘今之时，因天之助，尚惮以危为安，以乱为治，假设陛下居齐桓[24]之处，将不合诸侯而匡[25]天下乎？臣又以知陛下有所必不能矣。假设天下如曩时[26]，淮阴侯尚王楚，黥布王淮南，彭越王梁，韩信王韩，张敖王赵，贯高为相，卢绾王燕，陈豨在代[27]，令此六七公者皆亡恙[28]，当是时而陛下即天子位，能自安乎？臣有以知陛下之不能也。天下殽乱[29]，高皇帝[30]与诸公併[31]起，非有仄室[32]之势以豫[33]席之也。诸公幸者乃为中涓[34]，其次仅得舍人[35]，材之不逮[36]至远也。高皇帝以明圣威武即天子位，割膏腴[37]之地以王[38]诸公，多者百余城，少者乃三四十县，德至渥[39]也，然其后十年之间，反者九起。陛下之与诸公，非亲角[40]材而臣之[41]也，又非身封[42]王之也，自高皇帝不能以是[43]一岁为安，故臣知陛下之不能也。

然尚有可诿[44]者，曰疏[45]。臣请试言其亲[46]者。假令悼惠王王齐，元王王楚，中子王赵，幽王王淮阳，共王王梁，灵王王燕，厉王王淮南，六七贵人皆亡恙，当是时陛下即位，能为治乎？臣又知陛下之不能也。若此诸王，虽名为臣，实皆有布衣昆弟[47]之心，虑无不帝制[48]而天子自为者。擅爵人，赦死罪[49]，甚者或戴黄屋[50]，汉法令非行也。虽行不轨如厉王者，令之不肯听，召之安可致乎！幸而来至，法安可得加！动一亲戚，天下圜视而起[51]，陛下之臣虽有悍如冯敬[52]者，适启其口，匕首已陷其胸矣。陛下虽贤，谁与领[53]此？

故疏者必危，亲者必乱，已然之效[54]也。其异姓负强而动[55]者，汉已幸胜之矣，又不易其所以然[56]。同姓袭[57]是迹而动，既有徵[58]矣，其势尽又复然。殃祸之变未知所移[59]，明帝处之尚不能以安，后世将如之何！

屠牛坦[60]一朝解十二牛，而芒刃[61]不顿者，所排[62]击剥割，皆众理解[63]也。至于髋髀[64]之所，非斤[65]则斧。夫仁义恩厚，人主之芒刃也；权势法制，人主之斤斧也。今诸侯王皆众髋髀也，释斤斧之用，而欲婴[66]以芒刃，臣以为不缺则折。胡不用之淮南、济北？势不可也。

臣窃迹前事[67]，大抵强者先反，淮阴王楚最强，则最先反；韩信[68]倚胡，则又反；贯高因[69]赵资，则又反；陈豨兵精，则又反；彭越用梁[70]，则又反；黥布用淮南，则又反；卢绾最弱，最后反。长沙[71]乃在二万五千户耳，功少而最完[72]，势疏[73]而最忠，非独性异人也，亦形势然也。曩令樊、郦、绛、灌[74]据数十城而王，今虽以残亡可也；令信、越之伦列为彻侯[75]而居，虽至今存可也。

然则天下之大计可知已。欲诸王之皆忠附，则莫若令如长沙王；欲臣子之勿菹醢[76]，则莫若令如樊郦等；欲天下之治安，莫若众建诸侯而少其力。力少则易使以义[77]，国小则亡邪心。令海内之势如身之使臂，臂之使指，莫不制从。诸侯之君不敢有异心，辐[78]凑并进而归命天子，虽在细民[79]，且知其安，故天下咸知陛下之明。割地定制[80]，令齐、赵、楚各为若干国，使悼惠王、幽王、元王之子孙毕以次各受祖之分地，地尽而止，及燕、梁它国皆然。其分地众而子孙少者，建以为国，空而置之，须其子孙生者，举使君之[81]。诸侯之地其削颇入汉者[82]，为徙其侯国[83]，及封其子孙也，所以数偿之[84]；一寸之地，一人之众，天子亡所利焉，诚以定治而已[85]，故天下咸知陛下之廉。地制壹定，宗室子孙莫虑不王[86]，下无倍畔[87]之心，上无诛伐之志，故天下咸知陛下之仁。法立而不犯，令行而不逆，贯高、利几[88]之谋不生，柴奇、开章[89]不计不萌，细民乡善，大臣致顺，故天下咸知陛下之义。卧赤子[90]天下之上而安，植[91]遗腹，朝[92]委裘[93]，而天下不乱。当时大治，后世诵圣。壹动而五业[94]附，陛下谁惮[95]而久不为此？

天下之势方病大瘇[96]。一胫之大几如要[97]，一指之大几如股[98]，平居不可屈信[99]，一二指搐[100]，身虑亡聊[101]。失今不治，必为锢疾[102]，后虽有扁鹊[103]，不能为已。病非徒瘇也，又苦蹠戾[104]。元王[105]之子，帝之从弟也，今之王者[106]，从弟之子也。惠王[107]之子，亲兄子也；今之王者[108]，兄子之子也。亲者[109]或亡分地以安天下，疏者[110]或制大权以偪[111]天子，臣故曰非徒病瘇也，又苦蹠戾。可痛哭者，此病是也。

注释

①树国：建立诸侯国。

②相疑：指朝廷同封国之间互相猜忌。通行本《汉书》「疑」下无也字，据《群书治要》补。

③被：遭受。

④爽：伤败，败坏。

⑤安上而全下：指稳定中央政权，保全黎民百姓。

⑥亲弟：指汉文帝的弟弟淮南厉王刘长。谋为东帝：《汉书·五行志下之上》：淮南王长「归聚奸人谋逆乱，自称东帝」。

⑦亲兄之子：指齐悼惠王刘肥的儿子济北王刘兴居。

⑧见告：被告发。此句指吴王刘濞抗拒朝廷法令而被告发。

⑨春秋鼎盛：即正当壮年。春秋，指年龄。

⑩行义未过：行为得宜，没有过失。

⑪莫大：最大。

⑫十此：十倍于此。全句意指吴王等诸侯的实力，要比前述亲弟、亲兄之子大得多。

⑬大国之王：指较大的封国的诸侯王。

⑭傅：朝廷派到诸侯国的辅佐之官。相：朝廷派到诸侯国的行政长官。

⑮冠：二十岁。古代男子二十岁时举行冠礼，标志已成年。天子、诸侯则在二十岁时加冠。

⑯丞尉：县官。「丞尉以上」泛指诸侯国之官吏。

⑰徧：同「遍」。

⑱彗：晒，晒干。两句比喻机不可失。二句见《六韬》太公之语，《六韬》是一部讲兵法的书。

⑲此道：即前引黄帝话中的道理。

⑳全安：下全上安。
㉑骨肉之属：指同姓诸侯王，他们都是皇帝的亲属。
㉒抗：举。
㉓季世：末年。
㉔齐桓：齐桓公，春秋时齐国国君，曾多次大会诸侯订立盟约，成为春秋时第一个霸主。
㉕匡：匡王，挽救。
㉖曩时：从前，以往。
㉗「淮阴侯」八句：淮阴侯即韩信，汉朝建立时封为楚王，后降为淮阴侯，因谋反为吕后所杀；黥布即英布，汉初封为淮南王，彭越汉初封为梁王，都因谋反被刘邦所杀；韩信指韩王信，战国时韩国的后代，汉初封韩王，后投降匈奴反汉；张敖，汉高祖刘邦的女婿，汉初诸侯王赵王张耳的儿子，袭封赵王，后因与赵丞相贯高谋刺刘邦的事有牵连，改封平宣侯；卢绾，汉初封燕王，后叛逃匈奴，被封为东胡卢王，死于匈奴中；陈豨，汉初任诸侯国代国丞相，后反汉，自立为赵王，被杀。这些人都为异姓诸侯王。
㉘亡恙：无病。亡，同「无」。
㉙殽乱：混乱。殽，同「淆」。
㉚高皇帝：即汉高祖刘邦。
㉛併起：一齐起兵反秦。

㉜仄室：侧室。
㉝豫：预。
㉞中涓：皇帝的亲近之臣。刘邦起兵时，任命曹参为中涓，周勃等亦曾为中涓。
㉟舍人：门客。樊哙等曾为刘邦舍人。
㊱不逮：不及。
㊲膏腴：肥沃。
㊳王：封王，动词。
㊴渥：优厚。
㊵角：竞争、较量。
㊶臣之：使他们臣服。
㊷身封：亲自分封。
㊸是：指亲自分封诸侯之事。
㊹诿：推诿，推托。
㊺疏：疏远。指相对于亲戚而言，韩信等都是异姓王。
㊻亲者：指同姓诸侯王。

(47) 昆弟：兄弟。

(48) 帝制：指仿行皇帝的礼仪制度。

(49) 爵人：封人以爵位。二句所写封爵、赦死罪，都是应属于皇帝的权力。

(50) 黄屋：黄缯车盖。皇帝专用。

(51) 圜视而起：向四方看。圜，围绕。起，发生骚乱。

(52) 冯敬：汉初御史大夫，曾弹劾淮南厉王长。

(53) 领：治理。

(54) 效：结果。

(55) 负强而动：凭恃强大发动暴乱。

(56) 其所以然：指导致这种局面的分封制度。

(57) 袭：沿袭。这句暗指吴王刘濞。

(58) 征：征象，兆头。

(59) 移：改变。这里有趋向的意思。

(60) 坦：春秋时人名，以屠牛为业。

(61) 芒刃：锋刃。

(62) 排：批，分开。

(63) 理：肌肝之文理。解：通「懈」，四肢关节、骨头之间的缝隙。

(64) 髋：上股与尻之间的大骨。

(65) 斤：砍木的斧头。斤、斧在这里作动词用。

(66) 婴：施加。

(67) 迹前事：总结历史的经验。迹：追寻。

(68) 韩信：韩王信。

(69) 因：凭借。

(70) 用梁：利用封为梁王的势力。

(71) 长沙：长沙王。汉初吴芮被封为长沙王，子孙世袭。

(72) 完：保全。

(73) 势疏：与皇帝关系疏远。

(74) 樊：舞阳侯樊哙。郦：曲周侯郦商。绛：绛侯周勃。灌：颍阴侯灌婴。

(75) 彻侯：爵位名，后避汉武帝刘彻讳改为通侯，又改为列侯，只享受封地的租税，不问封地行政，也不一定住在封地。

(76) 菹醢：把人杀死剁成肉酱。

⑦⑦使以义：使之遵守朝廷法纪。

⑦⑧辐：车轮中连接轮圈与轮轴的直木。

⑦⑨细民：平民。

⑧⓪割地定制：定出分割土地的制度。

⑧①举使君之：让他们去做空置的诸侯国的国君。

⑧②削颇入汉者：诸侯王有（因犯罪）而被削地由汉朝中央政府没收的。颇，大量。

⑧③为徙其侯国：把这个侯国迁往他处。

⑧④数偿之：照数偿还。即将被没收的土地还给他们。

⑧⑤「一寸之地」四句：意为天子多封王并非与各诸侯王争利，而是为了稳定国家。

⑧⑥莫虑不王：不愁不做王。

⑧⑦倍畔：背叛。倍，同「背」。

⑧⑧利几：人名，项羽部将，降汉被封为颍川侯，后反叛被杀。

⑧⑨柴奇、开章：人名，两人均参与淮南王刘长的谋反事件，为之出谋划策。

⑨⓪赤子：婴儿。这里指年幼的皇帝。句意说即使初生的婴儿继承帝位，天下也仍然太平。

⑨①植：扶植。

⑨②朝：朝拜。

⑨③委裘：亡君留下的衣冠。句意说旧君已死，新君未立，把亡君的衣冠放在皇座上接受朝拜。

⑨④五业：指上文所说的明、廉、仁、义、圣五项功业。

⑨⑤谁惮：惮谁，顾忌什么。谁，何。

⑨⑥瘇：腿脚浮肿。

⑨⑦要：腰。

⑨⑧股：大腿。

⑨⑨信：伸。

⑩⓪搐：抽搐。

⑩①亡聊：无所依赖。

⑩②锢疾：积久不易治的病症。

⑩③扁鹊：人名，春秋战国时的名医。

⑩④蹠戾：脚掌扭折。

⑩⑤元王：楚元王刘交，刘邦的弟弟。元王之子，楚夷王刘郢客。

⑩⑥今之王者：指楚王刘戊。

107 惠王：齐悼惠王刘肥，刘邦子。
108 今之王者：指齐共王刘喜。
109 亲者：指文帝的子弟。
110 疏者：指从弟、兄子之子。
111 偪：同「逼」。

点评

该文目光远大，论辩恢弘，一开始就说：「臣窃惟事势，可为痛哭者一，可为流涕者二，可为长叹息者六。」一连提出九大问题，从今天留下的残文看，这几乎论及了中国几千年封建社会治国安邦的所有军国大计。特别是其针对当时中央集权不振现状，毕陈汉初之积弊，提出「多建诸侯而少其力」的政治主张。历史证明，这在当时是极为高明和唯一可行的政治解决方案。无奈这个贾生面对的不是雄才大略的高祖刘邦，也不是锐意进取的武帝刘彻，而是谨小慎微的文帝刘恒，虽有奇策而不得售，最终导致后来的「八王之乱」，无数生灵涂炭，直到汉武帝推行《推恩令》才彻底解决这一难题，而所谓「推恩」，始倡者贾生尔。

该文气势汹涌，如惊涛拍岸，论证严整连贯，如长江之水激流回荡，《文心雕龙》称其「理既切至，辞亦通畅，可谓识大体矣」，实在是千古第一大文章。

论贵粟疏（晁错）

圣王在上，而民不冻饥者，非能耕而食之①，织而衣之②也，为开其资财之道③也。故尧、禹有九年之水，汤有七年之旱，而国无捐瘠④者，以畜积多而备先具也。今海内为一，土地人民之众不避⑤汤、禹，加以亡天灾数年之水旱，而畜积未及者，何也？地有余利，民有余力，生谷之土未尽垦，山泽之利未尽出也，游食之民未尽归农也。

民贫，则奸邪生。贫生于不足，不足生于不农，不农则不地著⑥，不地著则离乡轻家，民如鸟兽，虽有高城深池，严法重刑，犹不能禁也。夫寒之于衣，不待轻暖；饥之于食，不待甘旨；饥寒至身，不顾廉耻。人情一日不再食则饥，终岁不制衣则寒。夫腹饥不得食，肤寒不得衣，虽慈母不能保其子，君安能以有其民哉？明主知其然也，故务民于农桑，薄赋敛，广畜积，以实仓廪⑦，备水旱，故民可得而有也。

民者，在上所以牧⑧之，趋利如水走下，四方无择也。夫珠玉金银，饥不可食，寒不可衣，然而众贵之者，以上用之故也。其为物轻微易藏，在于把握，可以周海内而无饥寒之患。此令臣轻背其主，而民易去其乡，盗贼有所劝，亡逃者得轻资也。粟米布帛生于地，长于时，聚于力，非可一日成也。数石⑨之重，中人弗胜⑩，不为奸邪所利；一日弗得而饥寒至。是故明君贵五谷而贱金玉。

今农夫五口之家，其服役者不下二人，其能耕者不过百亩，百亩之收不过百石。春耕，夏耘，秋获，冬藏，伐薪樵，治官府，给徭役；春不得避风尘，夏不得避暑热，秋不得避阴雨，冬不得避寒冻，四时之间，无日休息。又私自送往迎来，吊死问疾，养孤长⑪幼在其中。勤苦如此，尚复被水旱之灾，急政⑫暴虐⑬，赋敛不时，朝令而暮改⑭。当具有者半贾而卖，无者取倍称之息⑮；于是有卖田宅、鬻子孙以偿债者矣。而商贾⑯大者积贮倍息，小者坐列贩卖，操其奇赢⑰，日游都市，乘上之急，所卖必倍。故其男不耕耘，女不蚕织，衣必文采，食必粱肉；无农夫之苦，有阡陌之得⑱。因其富厚，交通王侯，力过吏势，以利相倾；千里游遨，冠盖相望，乘坚策肥⑲，履丝曳缟⑳。此商人所以兼并农人，农人所以流亡者也。今法律贱商人，商人已富贵矣；尊农夫，农夫已贫贱矣。故俗之所贵，主之所贱也；吏之所卑，法之所尊也。上下相反，好恶乖迕㉑，而欲国富法立，不可得也。

方今之务，莫若使民务农而已矣。欲民务农，在于贵粟；贵粟之道，在于使民以粟为赏罚。今募天下入粟县官㉒，得以拜爵㉓，得以除罪。如此，富人有爵，农民有钱，粟有所渫㉔。夫能入粟以受爵，皆有余者也。取于有余，以供上用，则贫民之赋可损㉕，所谓损有余、补不足，令出而民利者也。顺于民心，所补者三：一曰主用足，二曰民赋少，三曰劝农功。今令民有车骑马㉖一匹者，复卒三人。车骑者，天下武备也，故为复卒。神农之教曰：『有石城十仞，汤池百步，带甲百万，而无粟，弗能守也。』以是观之，粟者，王者大用㉗，政之本务。令民入粟受爵，至五大夫㉘以上，乃复一人耳，此其与骑马之功相去远矣。爵者，上之所擅㉙，出于口而无穷；粟者，民之所种，生于地而不乏。夫得高爵也免罪，人之所甚欲也。使天下人入粟于边，以受爵免罪，不过三岁，塞下之粟必多矣。

注释

① 食之：给他们吃。『食』作动词用。

② 衣之：给他们穿。『衣』作动词用。

③ 道：途径。

④ 捐瘠：被遗弃和瘦弱的人。捐，抛弃；瘠，瘦。

⑤ 不避：不让，不次于。

⑥ 地著：定居一地。

⑦ 廪：米仓。

⑧ 牧：养，引申为统治、管理。

⑨ 石：重量单位。汉制三十斤为钧，四钧为石。

⑩ 弗胜：不能胜任，指拿不动。

⑪ 长：养育。

⑫ 政：同『征』。

⑬ 虐：王念孙以为当作『赋』。

⑭ 改：王念孙以为本作『得』。

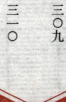

⑮倍称之息：加倍的利息。称，相等，相当。
⑯贾：商人。
⑰奇赢：利润。奇，指余物。赢，指余利。
⑱阡陌之得：指田地的收获。阡陌，田间小路，此代田地。
⑲乘坚策肥：乘坚车，策肥马。策，用鞭子赶马。
⑳履丝曳缟：脚穿丝鞋，身披绸衣。曳，拖着。缟，一种精致洁白的丝织品。
㉑乖迕：相违背。
㉒县官：汉代对官府的通称。
㉓拜爵：封爵位。
㉔渫：散出。
㉕损：减。
㉖车骑马：指战马。
㉗大用：最需要的东西。
㉘五大夫：汉代的一种爵位，在侯以下二十级中属第九级。凡纳粟四千石，即可封赐。
㉙擅：专有。

点评

西汉长期奉行『与民休息』的政策，重视农桑，促进了农业的繁荣和商业的发展，但由此也产生了因商业发展而导致谷贱伤农，大地主、大商人对农田兼并侵夺加剧，大批农民流离失所，阶级矛盾日趋激化的社会现象。针对这一问题，晁错上了这篇奏疏，全面论述了『贵粟』（重视粮食）的重要性，提出重农抑商、入粟于官、拜爵除罪等一系列主张，这对当时发展生产和巩固国防，都具有一定的进步意义。

全文通过正反两方面的连论说了重农贵粟对于国家的富强和人民的安定生活所具有的决定性意义。作者在说明问题时运用古今对比，农夫与富商大贾的对比，法令与实际情况的对比，使他的主张得到更鲜明的表现，让统治者认识到问题的严重性。其中特别是对农民现实生活的贫困穷苦的描写，揭露性很强。观点精辟，分析透彻，逻辑谨严，文笔犀利，具有汪洋恣肆的气势和流畅浑厚的风格。

狱中上梁王书（邹阳）

臣闻忠无不报，信不见疑，臣常①以为然，徒虚语耳。昔荆轲②慕燕丹之义，白虹贯日③，太子畏④之；卫先生⑤为秦画长平之事⑥，太白食昴⑦，昭王疑之。夫精变天地而信不谕两主，岂不哀哉！今臣尽忠竭诚，毕议愿知，左右不明，卒从⑧吏讯，为世所疑。是使荆轲、卫先生复起，而燕、秦不寤也。愿大王孰察之。

昔玉人⑨献宝，楚王诛⑩之；李斯竭忠，胡亥⑪极刑。是以箕子⑫阳狂，接舆⑬避世，恐遭此患也。

愿大王察玉人、李斯之意，而后楚王、胡亥之听，毋使臣为箕子、接舆所笑。臣闻比干[14]剖心，子胥[15]鸱夷[16]，臣始不信，乃今知之。愿大王孰察，少加怜焉。

语曰：『有白头如新[17]，倾盖如故[18]。』何则？知与不知也。故樊于期[19]逃秦之燕，借荆轲首以奉丹事；王奢[20]去齐之魏，临城自刭以却齐而存魏。夫王奢、樊于期非新于齐、秦而故于燕、魏也，所以去二国、死两君者，行合于志，慕义无穷也。是以苏秦[21]不信于天下，为燕尾生[22]；白圭[23]战亡六城，为魏取中山[24]。何则？诚有以相知也。苏秦相燕，人恶之燕王，燕王按剑而怒，食以駃騠[25]；白圭显于中山，人恶之于魏文侯，文侯赐以夜光之璧。何则？两主二臣，剖心析肝相信，岂移于浮辞哉！

故女无美恶，入宫见妒；士无贤不肖，入朝见嫉。昔司马喜[26]膑脚于宋，卒相中山；范睢[27]拉胁折齿于魏，卒为应侯[28]。此二人者，皆信必然之画，捐朋党之私，挟孤独之交，故不能自免于嫉妒之人也。是以申徒狄[29]蹈雍[30]之河，徐衍[31]负石入海，不容于世，义不苟取比周[32]于朝以移主上之心。故百里奚[33]乞食于道路，缪公[34]委之以政；甯戚[35]饭牛车下，桓公任之以国。此二人者，岂素宦于朝，借誉于左右，然后二主用之哉？感于心，合于行，坚如胶漆，昆弟不能离，岂惑于众口哉？故偏听生奸，独任成乱。昔鲁听季孙[36]之说逐孔子，宋任子冉[37]之计囚墨翟[38]。夫以孔、墨之辩，不能自免于谗谀，而二国以危。何则？众口铄金，积毁销骨也。秦用戎人由余[39]而伯中国，齐用越人子臧[40]而强威、宣。此二国岂系于俗，牵于世，系奇偏之浮辞哉？公听并观，垂明当世。故意合则胡越为兄弟，由余、子臧是矣；不合则骨肉为仇敌，朱、象、管、蔡[41]是矣。今人主诚能用齐、秦之明，后宋、鲁之听，则五伯[42]不足侔，而三王[43]易为也。

是以圣王觉寤，捐子之[44]之心，而不说田常[45]之贤，封比干之后，修孕妇之墓[46]，故功业覆于天下。何则？欲善亡厌也。夫晋文亲其雠[47]，强伯诸侯；齐桓用其仇[48]，而一匡天下。何则？慈仁殷勤，诚加于心，不可以虚辞借也。

至夫秦用商鞅[49]之法，东弱韩、魏，立强天下，卒车裂[50]之。越用大夫种[51]之谋，禽劲吴而伯中国，遂诛其身[52]。是以孙叔敖[53]三去相[54]而不悔，於陵子仲[55]辞三公[56]为人灌园。今人主诚能去骄傲之心，怀可报之意，披心腹，见情素[57]，堕[58]肝胆，施德厚，终与之穷达，无爱于士，则桀之犬可使吠尧，跖[59]之客可使刺由，何况因万乘[60]之权，假圣王之资乎！然则荆轲湛七族[61]，要离[62]燔妻子，岂足为大王道哉！

臣闻明月之珠，夜光之璧，以闇投人于道，众莫不按剑相眄[63]者。何则？无因而至前也。蟠木根柢，轮囷[64]离奇，而为万乘器者，以左右先为之容也。故无因而至前，虽出随珠[65]和璧，祇怨结而不见德；有人先游，则枯木朽株，树功而不忘。今夫天下布衣穷居之士，身在贫羸，虽蒙尧、舜之术，挟伊[66]、管之辩，怀龙逄[67]、比干之意，而素无根柢之容，虽竭精神，欲开忠于当世之君，则人主必袭按剑相眄之迹矣。是使布衣之士不得为枯木朽株之资也。

是以圣王制世御俗，独化于陶钧[68]之上，而不牵乎卑辞之语，不夺乎众多之口。故秦皇帝任中庶子[69]

蒙嘉[70]之言，以信荆轲，而匕首窃发；周文王猎泾渭[71]，载吕尚归，以王天下。秦信左右而亡，周用[72]乌集而王。何则？以其能越挛拘之语[73]，驰域外之议，独观乎昭旷之道也。

今人主沈谄谀之辞，牵帷[74]廧之制，使不羁之士与牛骥同皁[75]，此鲍焦[76]所以愤于世也。

臣闻盛饰入朝者不以私污义，底厉[77]名号者不以利伤行。故里名胜母，曾子[78]不入；邑号朝歌[79]，墨子回车[80]。今欲使天下寥廓之士笼于威重之权，胁于位势之贵，回面污行，以事谄谀之人[81]，而求亲近于左右，则士有伏死堀[82]穴岩薮[83]之中耳，安有尽忠信而趋阙下[84]者哉！

注释

①常：通“尝”，曾经。

②荆轲：战国末卫人，后入燕国，好读书击剑，嗜酒善歌。

③白虹贯日：古人常以天人感应解释罕见的天文、气象。此指荆轲的精诚感动了上天。贯，穿过。

④畏：引申为担心。

⑤卫先生：秦将白起手下的谋士。

⑥长平之事：前二六〇年，白起大破赵军于长平（今山西高平西北），欲乘势灭赵，派卫先生回秦向昭王要增兵增粮。秦相范睢从中阻挠，害死卫先生。

⑦太白食昴：是说太白星侵入了昴星座，象征赵国将遭到军事失利。太白，金星。古时认为是战争的征兆。昴，二十八宿之一，西方白虎七宿的第四宿，据说它的星象和冀州（包括赵国在内）的人事有关。

⑧从：听凭。

⑨玉人：指楚人卞和。

⑩诛：这里作惩罚解。

⑪胡亥：秦二世名，秦始皇次子。

⑫箕子：商纣王的叔父。

⑬接舆：春秋时代楚国隐士，人称楚狂。

⑭比干：商纣王的叔父，因纣王荒淫，极力劝谏，被纣王剖心而死。

⑮子胥：伍员，字子胥，春秋楚人。

⑯鸱夷：马皮制的袋。

⑰白头如新：指有的人相处到老而不相知。

⑱倾盖如故：路遇贤士，停车而谈，初交却一见如故。盖，车上的帐顶，车停下时车盖就倾斜。

⑲樊于期：原为秦将，因得罪秦王，逃亡到燕国，受到太子丹礼遇。

⑳王奢：战国时齐大臣，因得罪齐王，逃到魏国。

㉑苏秦：战国时洛阳人，游说六国联合抵制秦国，为纵约长，挂六国相印。

㉒尾生：《汉书·古今人表》说他名高，鲁人。

㉓白圭：战国初中山国之将，连失六城，中山国君要治他死罪，他逃到魏国，魏文侯厚待他，于是他助魏攻灭了中山国。

㉔中山：春秋时建，战国初建都于顾（今河北定县），魏文侯十七年（前四二九年）灭。

㉕駃騠：良马名。

㉖司马喜：《战国策·中山策》记载他三次任中山国相，但未提及他在宋国受膑刑的事。

㉗范雎：见《范雎说秦王》题解。范雎随魏中大夫须贾出使到齐国，齐襄公听说范雎口才好，派人送礼金给他，须贾回国后报告魏相，中伤范雎泄密，使范雎遭到笞刑。

㉘卒为应侯：范雎入秦为相，封应侯，参见《范雎说秦王》。

㉙申徒狄：古代投水自尽的贤人。

㉚雍：同「壅」，古代黄河的支流，久已堙。

㉛衍：史书无传，据服虔说是周之末世人。

㉜比周：结党营私。

㉝百里奚：春秋时虞国人，虞为晋灭，成了俘虏，落魄到身价只值五张黑羊皮。秦穆公听说他贤能，为他赎身，用为相。

㉞缪公：即秦穆公，善用谋臣，称霸一时。

㉟甯戚：春秋时卫国人，到齐国经商，夜里边喂牛边敲着牛角唱「生不遭尧与舜禅」，桓公听了，知是贤者，举用为田官之长。

㊱季孙：鲁大夫季桓子，名斯。

㊲子冉：史书无传。

㊳墨翟（约前四六八至前三七六年）：即墨子，墨家的创始人。

㊴由余：祖先本是晋国人，早年逃亡到西戎。戎王派他到秦国去观察，秦穆公发现他有才干，用计把他拉拢过来。后来依靠他伐西戎，灭国十二，开地千里，从而称霸一时。

㊵越人子臧：史书无传。

㊶朱：丹朱，尧的儿子，相传他顽凶不肖，因而尧禅位给舜。象：舜的同父异母弟，傲慢，常想杀舜而不可得。管、蔡：管叔、蔡叔，皆周武王之弟。

㊷五伯：即春秋五霸，指齐桓公、晋文公、秦穆公、宋襄公、楚庄王。

㊸三王：指夏禹、商汤、周文王武王。

㊹子之：战国时燕王哙之相。燕王哙学尧让国，让子之代行王事，三年而国大乱。齐国乘机伐燕，燕王哙死，子之被剁成肉酱。

㊺田常：即陈恒，齐简公时为左相，杀简公宠臣监止和子我，又杀简公，立简公弟平公，政权皆归田常。

㊻修孕妇之墓：纣王残暴，曾剖孕妇子腹，观看胎儿。武王克殷后，为被残杀的孕妇修墓。

㊼亲其雠：指晋文公重耳为公子时，其父晋献公听信骊姬之言，派宦者履鞮（《左传》作寺人披）、勃鞮杀重耳，重耳跳墙逃脱，履鞮斩下他的衣袖。重耳即位后，吕省、郤芮策划谋杀他，履鞮告密，晋文公不念旧恶，接见了他，挫败了吕、郤的阴谋。

㊽齐桓用其仇：指桓公未立时，其异母兄公子纠由管仲为傅，管仲准备射死桓公（公子小白），结果射中带钩而未死。桓公立后，听从鲍叔牙荐贤，重用管仲为大夫。

㊾商鞅：（约前三九〇至前三三八年）战国卫人，入秦辅佐孝公变法，奠定了秦国富强的基础。

㊿车裂：古代酷刑，俗称五马分尸。

51 大夫种：春秋时越国大夫文种。

52 诛其身：勾践平吴后，疑忌文种功高望重，赐剑令其自尽。

53 孙叔敖：春秋楚庄王时人。

54 三去相：《庄子·田子方》说孙叔敖「三为（楚）令尹而不荣华，三去之而无忧色」。去，离职。

55 於陵子仲：即陈仲子，战国齐人，因见兄长食禄万锺以为不义，避兄离母，隐居在於陵（今山东邹平县境）。楚王派使者持黄金百镒聘他为官，他和妻子一起逃走为人灌园。

56 三公：周代以太师、太傅、太保为三公，也泛指国王的辅佐。

57 素：通「愫」，真诚。

58 堕：通「隳」，毁坏，引申为剖开。

59 跖：春秋末鲁国人，相传他领导奴隶暴动，「从卒九千人，横行天下，侵暴诸侯」（《庄子·盗跖》）。

60 万乘：周制天子可拥有兵车万乘，后以喻称帝王。

61 湛七族：灭七族。湛，通「沉」。

62 要离：春秋时吴国刺客。他用苦肉计，要公子光斩断自己的右手，烧死自己妻子儿女，然后逃到吴王僚的儿子庆忌那里，伺机行刺，为公子光效死。

63 眄：斜视。

64 轮囷：屈曲貌。

65 随珠：即明月之珠。

66 伊：伊尹，商汤用为贤相，是灭夏建商的功臣。

67 龙逢：关龙逢，夏末贤臣，因忠谏夏桀，被囚杀。

68 陶钧：制陶器所用的转轮。比喻造就、创建。

69 中庶子：官名，掌管诸侯卿大夫庶子之教育管理。

70 蒙嘉：秦王的宠臣。荆轲至秦，先以千金之礼厚赂蒙嘉，由蒙嘉说秦王同意接见荆轲。

71 周文王猎泾渭：周文王出猎泾水渭水之前占卜，得卦说是「所获非龙非螭，非虎非罴；所获霸王之辅。」后在渭水北边遇到了吕尚。

72 用：因为。

73 挛拘之语：卷舌聱牙的话，喻姜尚说的羌族口音的话。

⑭帷：床帐，喻指妃妾。
⑮阜：同「槽」。
⑯鲍焦：春秋时齐国人，厌恶时世污浊，自己采蔬而食。
⑰底厉：同「砥厉」。
⑱曾子：名参，孔子弟子，以纯孝著名。
⑲朝歌：殷代后期都城，在今河南淇县。
⑳墨子回车：墨子主张「非乐」，不愿进入以「朝歌」为名的城邑。
㉑谄谀之人：指羊胜、公孙诡一流人。
㉒堀：同「窟」。
㉓薮：草泽。
㉔阙下：宫阙之下，喻指君王。

点评

邹阳，齐人，活动于汉文帝、景帝时期。初仕吴王刘濞，因刘濞阴谋叛乱，上书婉谏，吴王不听，离吴从梁孝王。梁孝王刘武是文帝窦皇后的小儿子，汉景帝的同母弟，有嗣位之意。邹阳力争以为不可，羊胜、公孙诡乘隙进谗，邹阳被下狱论死。邹阳「恐死而负累」，留下恶名，为后人所诟病，就从狱中上书梁孝王，即《狱中上梁孝王书》，为

自己辩诬。

作者处于一个非常尴尬的境地：一方面是梁孝王听信谗言将其下狱，若直说自己无罪，则等于直斥梁王昏聩，处境将更为不利；另一方面，若不将梁孝王偏信谗言说明，则又无以自白无辜。因此，作者别出心裁，用大量的历史实例论述「士无贤不肖，入朝见嫉」和「忠无不报，信不见疑」的道理。作者在上书中并不哀求乞怜，而是继续谏诤，字里行间还很有些「不逊」（司马迁语），充分显示了他的「抗直」、「不苟合」的性格，也是他「有智略」的表现。

文中比物连类，文采飞扬，词多偶俪，语意层见复出，情意恳恳，意多慷慨，有足悲者，给人以战国纵横家的韵致，是汉代散文名篇之一。

上书谏猎（司马相如）

臣闻物有同类而殊能者，故力称乌获①，捷言庆忌②，勇期贲、育③。臣之愚，窃以为人诚有之，兽亦宜然。今陛下好陵阻险，射猛兽，卒然④遇逸材⑤之兽，骇不存之地，犯属车⑥之清尘⑦，舆不及还⑧辕，人不暇施巧，虽有乌获、逢蒙⑨之技不能用，枯木朽枝尽为难矣。是胡越起于毂⑩下，而羌夷接轸⑪也，岂不殆哉！虽万全而无患，然本非天子之所宜近也。

且夫清道而后行，中路而驰，犹时有衔橛之变⑫。况乎涉丰草，骋丘虚，前有利兽之乐，而内无存变之意，其为害也不难矣。夫轻万乘⑬之重不以为安，乐出万有一危之途以为娱，臣窃为陛下不取。

盖明者远见于未萌，而知者避危于无形，祸固多藏于隐微而发于人之所忽者也。故鄙谚曰：『家累千金，坐不垂堂⑭。』此言虽小，可以喻大。臣愿陛下留意幸察。

注释

①乌获：战国时秦国力士。

②庆忌：吴王僚之子。

③贲、育：孟贲、夏育，皆战国卫人，著名勇士。

④卒然：卒同『猝』。突然。

⑤逸材：过人之材。逸，通『轶』，有超越意。这里喻指凶猛超常的野兽。

⑥属车：随从之车。

⑦清尘：即尘土。『清』是一种美化的说法。

⑧还：通『旋』。

⑨逢蒙：夏代善于射箭的人，相传学射于羿。

⑩毂：车轮中心用以镶轴的圆木，也可代称车轮。

⑪轸：车箱底部四围横木。也用为车的代称。

⑫衔橛之变：泛指行车中的事故。衔，马嚼。橛，车的钩心。

⑬万乘：指皇帝。

⑭坐不垂堂：是防万一屋瓦坠落伤身。垂堂，靠近屋檐下。

点评

司马相如为郎时，曾作为武帝的随从行猎长杨宫，武帝不仅迷恋驰逐野兽的游戏，还喜欢亲自搏击熊和野猪。司马相如写本文规劝汉武帝不要亲冒危险射猎猛兽。由于行文委婉，劝谏与奉承结合得相当得体，武帝看了也称『善』。

答苏武书（李陵）

子卿足下①：

勤宣令德②，策名③清时，荣问④休畅⑤，幸甚幸甚⑥。远托异国⑦，昔人所悲，望风⑧怀想，能不依依？昔者不遗，远辱⑨还答，慰诲勤勤，有逾骨肉，陵虽不敏⑩，能不慨然⑪？

自从初降，以至今日，身之穷困，独坐愁苦。终日无睹，但见异类⑫。韦韝⑬毳幕⑭，以御风雨；羶肉⑮酪浆⑯，以充饥渴。举目言笑，谁与为欢？胡地玄冰⑰，边土惨裂，但闻悲风萧条之声。凉秋九月，塞外草衰。夜不能，侧耳远听，胡笳⑱互动，牧马悲鸣，吟啸成群，边声四起。晨坐听之，不觉泪下。嗟乎子卿，陵独⑲何心，能不悲哉！

与子别后，益复无聊，上念老母，临年[20]被戮；妻子无辜，并为鲸鲵[21]；身负国恩，为世所悲。子归受荣，我留受辱，命也如何？身出礼义之乡，而入无知之俗，违弃君亲之恩，长为蛮夷之域，伤已！令先君[22]之嗣[23]，更成戎狄[24]之族，又自悲矣。功大罪小，不蒙明察，孤负[25]陵心区区之意。每一念至，忽然忘生。陵不难刺心[26]以自明，刎颈以见志，顾国家于我已矣[27]，杀身无益，适足增羞，故每攘臂[28]忍辱，辄复苟活。左右之人，见陵如此，以为不入耳之欢，来相劝勉。异方之乐，只令人悲，增忉怛[29]耳。

嗟乎子卿，人之相知，贵相知心。前书仓卒，未尽所怀，故复略而言之。

昔先帝授陵步卒五千，出征绝域[30]。五将[31]失道，陵独遇战，而裹万里之粮，帅徒步之师；出天汉[32]之外，入强胡之域；以五千之众，对十万之军；策疲乏之兵，当[33]新羁之马。然犹斩将搴[34]旗，追奔[35]逐北，灭迹扫尘[36]，斩其枭帅[37]，使三军之士，视死如归。陵也不才，希[38]当大任，意谓此时，功难堪[39]矣。匈奴既败，举国兴师，更练[40]精兵，强逾十万。单于[41]临阵，亲自合围。客主之形，既不相如[42]；步马之势，又甚悬绝[43]。疲兵再战，一以当千，然犹扶[44]乘[45]创痛，决命争首[46]。死伤积野，余不满百，而皆扶病，不任干戈[47]。然陵振臂一呼，创病皆起，举刃指虏，胡马奔走。兵尽矢穷，人无尺铁，犹复徒首奋呼，争为先登。当此时也，天地为陵震怒，战士为陵饮血[48]。单于谓陵不可复得，便欲引还[49]。而贼臣[50]教之，遂使复战，故陵不免耳。

昔高皇帝以三十万众，困于平城[51]。当此之时，猛将如云，谋臣如雨，然犹七日不食，仅乃得免。

况当[52]陵者，岂易为力[53]哉？而执事者[54]云云，苟[55]怨陵以不死。然陵不死，罪也；子卿视陵，岂偷生之士而惜死之人哉？宁[56]有背君亲，捐妻子而反为利者乎？然陵不死，有所为也，故欲如前书之言，报恩于国主耳[57]。诚以虚死不如立节，灭名[58]不如报德也。昔范蠡不殉会稽之耻[59]，曹沫不死三败之辱[60]，卒复勾践之仇[61]，报鲁国之羞[62]。区区之心，窃慕此耳。何图志未立而怨已成，计未从而骨肉受刑，此陵所以仰天椎心而泣血[63]也。

足下又云：『汉与功臣不薄。』子为汉臣，安得不云尔乎？昔萧[64]樊[65]囚絷，韩彭菹醢[66]，晁错[67]受戮，周[68]魏[69]见辜。其余佐命[70]立功之士，贾谊亚夫[71]之徒，皆信命世之才，抱将相之具，而受小人[72]之谗，并受祸败之辱[73]，卒使怀才受谤，能不得展。彼二子[74]之遐举，谁不为之痛心哉？陵先将军[75]，功略盖天地，义勇冠三军，徒失贵臣[76]之意，刭身绝域之表。此功臣义士所以负戟[77]而长叹者也。何谓不薄哉？且足下昔以单车之使，适万乘[78]之虏。遭时不遇，至于伏剑[79]不顾；流离辛苦，几死朔北[80]之野。丁年[81]奉使，皓首[82]而归；老母终堂[83]，生妻去帷[84]。此天下所希闻，古今所未有也。蛮貊[85]之人，尚犹嘉子之节，况为天下之主乎？陵谓足下当享茅土之荐[86]，受千乘之赏[87]。闻子之归，赐不过二百万，位不过典属国[88]，无尺土之封，加[89]子之勤。而妨功害能之臣，尽为万户侯[90]；亲戚贪佞之类，悉为廊庙[91]宰。子尚如此，陵复何望哉？且汉厚诛[92]陵以不死，薄赏子以守节，欲使远听之臣望风驰命，此实难矣。所以每顾而不悔者也。陵虽孤恩[93]，汉亦负德。昔人有言：『虽忠不烈，视死如归。』陵诚能安[94]，而主岂复能眷眷乎？

55 苟：但，只。

56 宁：难道，反诘副词。

57 「故欲」二句：据《文选》李善注载：「李陵前与苏子卿书云：『陵前为子卿死之计，所以然者，冀其驱丑虏，翻然南驰，故且屈以求伸。若将不死，功成事立，则将上报厚恩，下显祖考之明也。』」

58 灭名：使名声泯灭。这里「灭名」与「虚死」对应，是取身无谓而死、名也随之俱灭之意。

59 昔范蠡不殉会稽之耻：鲁哀公元年（前四九四年）越王勾践兵败，率五千人被围在会稽山，向吴王夫差求和，范蠡作为人质前往吴国，并未因求和之耻自杀殉国。

60 曹沫不死三败之辱：曹沫曾与齐国作战，三战三败，并不因屡次受辱而自杀身死。

61 卒复勾践之仇：指勾践灭吴，夫差自杀。

62 报鲁国之羞：此句指柯盟追回齐国侵地。

63 椎心、泣血：形容极度悲伤。椎，用椎打击。泣血，悲痛无声的哭。

64 萧：萧何，沛（今江苏省沛县）人，辅助刘邦建立基业，论功第一，封酂侯。

65 樊：樊哙，沛人。从刘邦起兵，屡建功勋，封舞阳侯。

66 菹醢：剁成肉酱，是古代一种残酷的死刑。

67 晁错：颍川（今河南省中部及南部地，治所在禹县）人，景帝时，他建议削各诸侯国封地。后吴楚等七国诸侯反，有人认为

是削地所致，晁错因而被杀。

68 周：周勃，沛人，从刘邦起事，以军功为将军，拜绛侯。吕氏死，勃与陈平共诛诸吕，立文帝。周勃曾被诬告欲造反而下狱。

69 魏：魏其侯窦婴，字王孙，观津（今河北省衡水县东）人，窦太后侄。景帝时，平定吴楚七国之乱有功，封魏其侯。

70 佐命：辅助帝王治理国事。

71 贾谊：洛阳（今河南省洛阳市东）人，自幼博学，文帝召为博士，迁太中大夫。亚夫：即周亚夫，周勃之子，封條侯，曾屯军细柳（今陕西省咸阳市西南），以军令严整闻名。

72 小人：包括排挤贾谊的绛侯周勃，而前文有「周魏见辜」句，谨录备考。

73 「并受」句：指贾谊被在朝权贵（周勃、灌婴、张相如、冯敬等）排斥，流放长沙；周亚夫因其子私购御物下狱，被诬谋反，绝食而死。

74 二子：指贾谊、周亚夫。

75 陵先将军：指李广。

76 贵臣：指卫青。

77 戟：古兵器，合戈矛为一体，可以直刺、横击。

78 万乘：一万辆车。古代以万乘称君主。文中武力强盛的大国。

79 伏剑：以剑自杀。此句是说，苏武在卫律逼降时，引佩刀自刺的事。

⑧⁰ 朔北：北方。这里指匈奴境。

⑧¹ 丁年：成丁的年龄，即成年。这里强调苏武出使时正处壮年。

⑧² 皓首：年老白头。皓，光亮、洁白。

⑧³ 终堂：死在家里。终，死。

⑧⁴ 去帷：改嫁。去，离开。

⑧⁵ 蛮貊：泛指少数民族。这里指匈奴。貊，古代对居于东北地区民族的称呼。

⑧⁶ 茅土之荐：指赐土地、封诸侯。古代帝王社祭之坛共有五色土，分封诸侯则按封地方向取坛上一色土，以茅包之，称茅土，给所封诸侯在国内立社坛。

⑧⁷ 千乘之赏：也指封诸侯之位。古代诸侯称千乘之国。

⑧⁸ 典属国：官名。掌管民族交往事务，位在三公之下，属官有九译令。秩中二千石，即每月受俸一百八十斛。

⑧⁹ 加：施。这里有奖赏之意。

⑨⁰ 万户侯：食邑万户之侯。文中指受重赏、居高位者。

⑨¹ 廊庙：殿四周的廊和太庙，是帝王与大臣议论政事的地方，因此称朝廷为廊庙。

⑨² 厚诛：严重的惩罚。

⑨³ 孤恩：辜负恩情。恩，此指上对下的好处。下句「负德」之「德」偏指下对上的功绩。

⑨⁴ 安：安于死，即视死如归之意。

⑨⁵ 稽颡：叩首，以额触地。颡，额。

⑨⁶ 北阙：原指宫殿北面的门楼，后借指帝王宫禁或朝廷。

⑨⁷ 刀笔之吏：主办文案的官吏，他们往往通过文辞左右案情的轻重。

⑨⁸ 夫：发语词，无义。

⑨⁹ 幸：希望。

⑩⁰ 圣君：指汉昭帝刘弗陵。

⑩¹ 胤子：儿子。苏武曾娶匈奴女为妻，生子名通国，苏武归时仍留匈奴，宣帝时才回到汉朝。

⑩² 顿首：叩头，书信结尾常用作谦辞。

点评

苏武回到汉朝后曾写信给他的朋友李陵，劝他回到汉朝。李陵以此信作答，主旨是为自己的投降行为作辩解。信中战斗场面写得极有声色，意在说明当时因为双方兵力悬殊，己方将帅不顾大局，武帝处置（诛陵全家）失当，所以自己投降完全是出于不得已。此外，屡用强烈对比，如身处异域而怀念故土，以寡兵深入众敌而浴血奋战，苏武持节荣归而自己居人篱下，产生了强烈的艺术效果。文章对故国之眷恋，对蒙冤负屈之感慨，对朝廷任人唯亲之时弊，造成战争失败之后果均作详尽叙述。情感激愤，文字凄楚而委婉，不禁催人泪下。

作者的身份极其独特，他是汉朝将军，又是叛将，流落异域，又与苏武为友。人生经历决定了他内心世界的复杂性，冲突性和徘徊性，烈火狂燃于胸，表情却静若止水，均在文中一展无余，足见作者之文字功力绝非一般。

尚德缓刑书（路温舒①）

昭帝②崩，昌邑王贺废③，宣帝初即位，路温舒上书，言宜尚德缓刑。其辞曰：

『臣闻齐有无知④之祸，而桓公以兴；晋有骊姬⑤之难，而文公用伯。近世赵王⑥不终，诸吕作乱，而孝文为太宗。由是观之，祸乱之作，将以开圣人也。故桓、文扶微兴坏，尊文、武之业，泽加百姓，功润诸侯，虽不及三王，天下归仁焉。文帝永思至德，以承天心，崇仁义，省刑罚，通关⑦梁，一⑧远近，敬贤如大宾，爱民如赤子，内恕⑨情之所安而施之于海内，是以囹圄⑩空虚，天下太平。夫继变化之后，必有异旧之恩，此贤圣所以昭天命也。『往者，昭帝即世而无嗣，大臣忧戚，焦心合谋，皆以昌邑尊亲，援⑪而立之。然天不授命，淫乱其心，遂以自亡。深察祸变之故，乃皇天之所以开至圣也。故大将军受命武帝，股肱⑫汉国，披肝胆，决大计，黜亡义，立有德，辅天而行，然后宗庙以安，天下咸宁。臣闻《春秋》正⑬即位，大一统⑭而慎始也。陛下初登至尊，与天合符，宜改前世之失，正始受命⑮之统，涤烦文，除民疾，存亡继绝，以应天意。

『臣闻秦有十失，其一尚存，治狱之吏是也。秦之时，羞文学⑯，好武勇，贱仁义之士，贵治狱之吏，

古文观止 精注精评

正言者谓之诽谤，遏过⑰者谓之妖言，故盛服先王⑱不用于世，忠良切言皆郁于胸，誉谀之声日满于耳，虚美熏心，实祸蔽塞，此乃秦之所以亡天下也。方今天下，赖陛下恩厚，亡金革⑲之危饥寒之患，父子夫妻戮力⑳安家，然太平未洽㉑者，狱乱之也。夫狱者，天下之大命也，死者不可复生，绝者不可复属。《书》曰：『与其杀不辜，宁失不经。㉒』今治狱吏则不然，上下相驱，以刻（刻薄）为明，深者获公名，平者多后患。故治狱之吏，皆欲人死，非憎人也，自安之道在人之死。是以死人之血流离于市，被刑之徒比肩而立，大辟㉓之计岁以万数。此仁圣之所以伤也。太平之未洽，凡以此也。夫人情安则乐生，痛则思死，棰楚㉔之下，何求而不得？做囚人不胜痛，则饰词以视（通『示』）之，吏治者利其然，则指道以明之，上奏畏却㉕，则锻练㉖而周内之；盖奏当之成，虽咎繇㉗听之，犹以为死有余辜。何则？成练㉘者众，文致㉙之罪明也。是以狱吏专为深刻，残贼㉚而亡极，媮㉛为一切，不顾国患，此世之大贼也。故俗语曰：『画地为狱议不入；刻木为吏期不对。㉜』此皆疾吏之风，悲痛之辞也。故天下之患，莫深于狱；败法乱正，离亲塞道，莫甚乎治狱之吏。此所谓一尚存者也。』

『臣闻乌㉝鸢㉞之卵不毁，而后凤凰集；诽谤之罪不诛，而后良言进。故古人有言：『山薮㉟臧疾，川泽纳污，瑾瑜㊱匿恶，国君含诟㊲。』唯陛下除诽谤以招切言，开天下之口，广箴㊳谏之路，扫亡秦之失，尊文武之德，省法制，宽刑罚，以废治狱，则太平之风可兴于世，永履和乐，与天亡极，天下幸甚。？』

上善其言。

注释

①路温舒：西汉著名的司法官，字长君，钜鹿（今属河北）人。

②昭帝：汉昭帝，名刘弗陵，武帝少子。

③昌邑王废：前七四年，汉昭帝死，无嗣，昌邑王刘贺（汉武帝孙子）即位，淫戏无度。昌邑，古县名。

④无知：春秋时齐公子，自立为齐君，后被人杀死。

⑤骊姬：春秋时晋献公宠姬。

⑥赵王：汉高祖刘邦的宠姬戚夫人的儿子，名如意，封为赵王。

⑦关：关卡，关口。

⑧一：统一，动词。

⑨恕：宽容，宽厚。

⑩囹圄：牢狱。

⑪援：援用旧例。

⑫股肱：比喻像左膀右臂一样匡扶国家，即辅佐的意思。股，大腿；肱，手臂。

⑬正：把……看得很正统、正规。

⑭大一统：重视天下统一的事业。大，尊重，重视。

⑮始受命：指初即位。

⑯文学：先秦时期曾将哲学、历史、文学等书面著作都称为文学，这里指文教方面的事。

⑰遏过：防止过失。

⑱盛服先王：竭力服膺先王的人。先王，指夏禹、商汤、周文王等行仁义道德的帝王。

⑲金革：兵革，这里指战争。

⑳戮力：并力，尽力。

㉑洽：协调。

㉒与其杀不辜，宁失不经：语出《尚书·大禹谟》。不经，不合常规。

㉓大辟：死刑。

㉔棰楚：古代刑具。棰，木棍。楚，荆条。

㉕却：批驳退回。

㉖锻炼：比喻酷吏枉法，多方编造罪名。

㉗咎繇：舜时建立法律设立监狱的臣子。

㉘成练：构成各种罪名。

㉙文致：文饰而使人获罪。

㉚ 贼：败坏，伤害。

㉛ 媮：苟且，马马虎虎。

㉜ 画地为狱议不入，刻木为吏期不对：相传上古时期，在地上画圈，令犯罪者立圈中，以示惩罚。画者、刻者都是假的，假的都不愿意忍受，真的就更不能忍受了。表示对监狱、酷吏的愤恨。

㉝ 乌：乌鸦。

㉞ 鸢：老鹰。

㉟ 薮：生长着很多草的湖。

㊱ 瑾瑜：美玉。

㊲ 诟：耻辱。

㊳ 箴：劝诫，劝告。

点评

本文是趁宣帝即位之机，为一扫『自武帝后，法益烦苛』的状况而作。文章指出：『秦有十失，其一尚存』，即过分重用『治狱之吏』，造成了『被刑之徒，比肩而立；大辟（处死）之计，岁以万数』的残酷现实。文章尖锐地揭露了封建法制运用『逼、供、信』的残忍手段使人入罪，组织材料班子、刀笔文吏对材料进行精心地加工，以便使『文致之罪明也』。而之所以如此，是由于『深者获公名，平者多后患，故治狱之吏皆欲人死，非憎人也，自安之道在人之死。』因此，作者提出了两点主张：一是『除诽谤以招切言』，即让人讲话，国君要不计较臣民们的『谤言』，牢骚、骂娘的话都让说，这样才能『开天下之口』，招来至切之言；二是主张『与其杀不辜，宁失不经』，即可杀可不杀者不杀，可治罪可不治罪者不治罪。这两点在今天看来，仍有积极意义。

报孙会宗书（杨恽）

恽材朽行秽，文质无所底①，幸赖先人余业，得备宿卫。遭遇时变②，以获爵位。终非其任，卒与祸会。足下哀其愚蒙，赐书教督以所不及，殷勤甚厚。然窃恨足下不深惟③其终始，而猥④俗之毁誉也。言鄙陋之愚心，则若逆指而文过；默而息乎，恐违孔氏⑤各言尔志之义。故敢略陈其愚，惟君子察焉。

恽家方隆盛时，乘朱轮⑥者十人，位在列卿⑦，爵为通侯⑧，总领从官，与闻政事。曾不能以此时有所建明，以宣德化，又不能与群僚同心并力，陪辅朝庭之遗忘，已负窃位素餐⑨之责久矣。怀禄贪势，不能自退，遭遇变故，横被口语，身幽北阙⑩，妻子满狱。当此之时，自以夷灭不足以塞责，岂意得全首领，复奉先人之丘墓乎？伏惟圣主之恩不可胜量。君子游道，乐以忘忧；小人全躯，说⑪以忘罪。是故身率妻子，戮力耕桑，灌园治产，以给公上，不意当复用此为讥议也。

夫人情所不能止者，圣人弗禁。故君父至尊亲，送其终也，有时而既。臣之得罪，已三年⑫矣。田家作苦，岁时伏腊⑬，烹羊炰羔⑭，斗酒自劳。家本秦也⑮，能为秦声。妇赵女也，雅善鼓瑟。奴婢歌者数人，酒后耳热，仰天抚缶⑯而呼乌乌。其诗曰：『田彼南山，芜秽不治。种一顷豆，落而为萁⑰。人生行乐耳，须富贵何时！』是日也，奋袖低昂，顿足起舞；诚淫荒无度，不知其不可也。恽幸有余禄，方籴⑱贱贩贵，逐什一之利。此贾竖⑲之事，汙辱之处，恽亲行之。下流⑳之人，众毁所归，不寒而栗。虽雅㉑知恽者，犹随风而靡，尚何称誉之有？董生㉒不云乎：『明明求仁义，常恐不能化民者，卿大夫之意也。明明求财利，常恐困乏者，庶人之事也。』故道不同，不相为谋㉓，今子尚安得以卿大夫之制而责仆哉！

夫西河㉔魏土，文侯㉕所兴，有段干木㉖、田子方㉗之遗风，漂然㉘皆有节概，知去就之分。顷者足下离旧土，临安定㉙，安定山谷之间，昆戎㉚旧壤，子弟贪鄙，岂习俗之移人哉？于今乃睹子之志矣！方当盛汉之隆，愿勉旃㉛，毋多谈。

注释

①底：引致，到达。

②时变：指汉宣帝地节四年（前六六年），霍光子孙霍禹等欲谋反事。

③惟：思。

④猥：轻率，随便。

⑤孔氏：孔子。

⑥朱轮：车轮漆成红色。汉制，公卿列侯以及俸禄在二千石以上的官员方能乘坐朱轮车。

⑦列卿：中央的高级官员。此指任光禄勋，位在九卿之列。

⑧通侯：即『彻侯』。秦爵二十级中的最高一级。汉制，刘姓功臣封侯者为诸侯，异姓功臣封侯者为列侯，亦称彻侯。后因避汉武帝讳，改称通侯。

⑨素餐：不劳而食，无功受禄。

⑩北阙：宫殿北面的楼观，汉代为上章奏事和被皇帝召对之处。杨恽被拘于此，是临时性关押处置。

⑪说：通『悦』。

⑫三年：杨恽于汉宣帝五凤二年（前五六年）秋被免为庶人，五凤四年（前五四年）夏四月朔日食，被人告发而获罪，前后虽跨三个年头，实际上不到二年。

⑬伏腊：古代进行祭祀活动的两个节日。

⑭炰羔：烤小羊。

⑮家本秦也：杨恽原籍华阴，古属秦地。

⑯缶：瓦制的打击乐器，最初流行于秦地。

⑰『田彼南山』四句：《汉书·杨恽传》张晏注『山高而在阳，人君之象也。芜秽不治，言朝廷之荒乱也。一顷百亩，以喻百官也。言豆者，贞实之物，当在囷仓，零落在野，喻己见放弃也。萁曲而不直，言朝臣皆谄谀也。』可供参考。其，豆茎。

⑱籴：买进谷物。

⑲贾竖：旧时对商人的贱称。

⑳下流：喻众恶所归之处。此指品行卑污。

㉑雅：平素。

㉒董生：指董仲舒，西汉时大儒。

㉓道不同，不相为谋：语出《论语·卫灵公》。

㉔西河：战国时魏地的西河。

㉕文侯：魏文侯，名斯，魏国的建立者，著名贤君。

㉖段干木：战国初魏人，隐居不仕。魏文侯曾请他作相，他跳墙而避走。文侯深为敬重，每次乘车经过他的住所门口，必伏轼致敬。

㉗田子方：战国时人，为魏文侯所优礼。

㉘漂然：高远的样子。

㉙安定：郡名。治所在高平（今宁夏回族自治区固原县）。

㉚昆戎：古代西夷的一支，即殷周时的西戎。

㉛旃：文言助词，相当于「之」或「之焉」。

点评

杨恽，字子幼，汉族，西汉华阴（今属陕西）人。宣帝时曾任左曹，后因告发霍氏（霍光子孙）谋反有功，封平通侯，迁中郎将。神爵元年升为诸吏光禄勋，位列九卿。其父杨敞曾两任汉宣帝时丞相，其母司马英是著名史学家兼文学家司马迁的女儿。据《汉书·杨恽传》记载，杨恽失去爵位后，家居以财自娱。友人安定太守西河孙会宗写信谏止他，内怀不服，写了这封回书。

在此信中，杨以嬉笑怒骂的口吻，逐点批驳孙的规劝，为自己狂放不羁的行为辩解。还赋诗讥刺朝政，明确表示『道不同，不相为谋』，与『卿大夫之制』决裂的意向。全信写得情怀勃郁，锋芒毕露，与司马迁《报任少卿书》桀骜不驯的风格如出一辙。清人余诚评道：『行文之法，字字翻腾，段段收束，平直处皆曲折，疏散处皆紧炼，则酷肖其外祖。』

光武帝①临淄②劳耿弇③（光武帝）

车驾至临淄自劳军，群臣大会。帝谓弇曰：「昔韩信破历下④以开基，今将军攻祝阿⑤以发迹，此皆齐之西界⑥，功足相方。而韩信袭击已降⑦，将军独拔勍敌⑧，其功乃难于信也。又田横烹郦生⑨，及田横降，高帝诏卫尉⑩，不听为仇。张步前亦杀伏隆，若步来归命，吾当诏大司徒⑪释其怨。又事尤相类也。将军前在南阳，建此大策，常以为落落难合，有志者事竟成也。」

注释

①光武帝：即汉光武刘秀。

②临淄：原春秋战国时齐国的都城，在今山东省临淄县。

③耿弇：扶风茂陵（今陕西兴平）人，字伯昭。刘秀即位后，任建威大将军，封好畤侯。
④历下：今山东历城县。
⑤祝阿：地名，故址在今山东长清县。光武帝建城五年春，张步屯军祝阿，耿弇率兵讨伐，大破张步。
⑥西界：历下、祝阿都是古时齐、鲁的分界，在齐国的西部。
⑦韩信袭击已降：秦末，田儋自立为齐王，割据旧齐地。后田儋子田横，立兄田劳子广为齐王，自己为相。汉王刘邦派郦生去齐劝降，田横接受，解除历下军。韩信便趁其不备袭击。
⑧勍敌：即劲敌。实力强大的敌人。
⑨田横烹郦生：当韩信袭历下时，田横以为郦生出卖了自己，便将郦生烹杀。郦生，即郦食其。
⑩卫尉：即郦商，陈留高阳乡（今河南杞县）人。
⑪大司徒：伏隆的父亲伏湛。

点评

耿弇进屯临淄之后，刘秀亲临劳军。本文就是刘秀当场表彰耿弇的演说。这段演说虽然仅有一百一十八字，但是内容高度概括，语言雄劲激昂，确有开国君主的气度。

整个讲话分为三个层次：第一层为表彰耿弇之语，但并不罗列具体战绩，却将他与汉初大将韩信相比，便将人物陡然拔高，耿弇心中自然高兴。最后一层为鼓励之语，赞扬耿弇从前规划的初步实现，旨在驱策他完成下一步的重任。中间一层内容是交代对敌政策，似乎与表彰的主题无关，却正表明了刘秀胜利在望的十足信心。在本来十分精练的演说中间，插入这一层似闲非闲的语言，便使语言顿挫从容，实在精妙。

诫兄子严敦书（马援）

援兄子严、敦，并喜讥议，而通轻侠客。援前在交趾，还书诫之曰：『吾欲汝曹①闻人过失，如闻父母之名：耳可得闻，口不可得言也。好议论人长短，妄是非②正法，此吾所大恶也：宁死，不愿闻子孙有此行也。汝曹知吾恶之甚矣，所以复言者，施衿结缡，申父母之戒③，欲使汝曹不忘之耳！

『龙伯高敦厚周慎，口无择言④，谦约节俭，廉公有威。吾爱之重之，愿汝曹效之。杜季良豪侠好义，忧人之忧，乐人之乐，清浊无所失⑤。父丧致客，数郡毕至⑥。吾爱之重之，不愿汝曹效也。效伯高不得，犹为谨敕之士，所谓「刻鹄⑦不成尚类鹜⑧」者也。效季良不得，陷为天下轻薄子，所谓「画虎不成反类狗⑨」者也。讫今季良尚未可知，郡将下车⑩辄切齿⑪，州郡以为言⑫，吾常为寒心，是以不愿子孙效也。』

注释

①汝曹：你等，尔辈。
②是非：评论、褒贬。
③施衿结缡，申父母之戒：古时礼俗，女子出嫁，母亲把佩巾、带子结在女儿身上，为其整衣。

④口无择言：说出来的话没有败坏的，意为所言皆善。择，通『殬』，败坏。

⑤清浊无所失：意为诸事处置得宜。

⑥数郡毕至：数郡的客人全都赶来了。

⑦鹄：天鹅。

⑧鹜：野鸭子。

⑨画虎不成反类狗：比喻弄巧成拙。

⑩下车：指官员初到任。

⑪切齿：表示痛恨。

⑫以为言：把这作为话柄。

点评

马援的侄子马严、马敦平时喜讥评时政，结交侠客，很令他担忧，虽远在交趾军中，还是写了这封信。信中首先告诫他不要议论别人的是非，就像不随便说父母的名讳一样，然后举出两个样板，一个是谦虚谨慎，有君子风范，一个是豪侠仗义，不拘礼法，希望侄子要学习前者而不要学习后者，并用两个比喻性警句说明原因，这就是『刻鹄不成尚类鹜』、『画虎不成反类狗』。文章出语恳切，语气抑扬，言词之中饱含长辈对晚辈的深情关怀和殷殷期待。

前出师表（诸葛亮）

先帝①创业未半而中道崩殂②，今天下三分，益州③疲敝④，此诚危急存亡之秋⑤也！然侍卫之臣不懈于内，忠志之士忘身于外者，盖追先帝之殊遇，欲报之于陛下也。诚宜开张圣听，以光先帝遗德，恢弘⑥志士之气；不宜妄自菲薄⑦，引喻失义⑧，以塞忠谏之路也。

宫中⑨府中⑩，俱为一体，陟⑪罚臧否⑫，不宜异同。若有作奸犯科⑬，及为忠善者，宜付有司⑭论其刑赏，以昭陛下平明之理；不宜偏私，使内外异法也。

侍中、侍郎⑮郭攸之、费祎、董允等，此皆良实，志虑忠纯，是以先帝简拔以遗陛下。愚以为宫中之事，事无大小，悉以咨之，然后施行，必能裨补缺漏⑯，有所广益。将军向宠⑰，性行淑均⑱，晓畅军事，试用于昔日⑲，先帝称之曰能，是以众议举宠为督⑳。愚以为营中之事，事无大小，悉以咨之，必能使行阵㉑和睦，优劣得所。

亲贤臣，远小人，此先汉㉒所以兴隆也；亲小人，远贤臣，此后汉㉓所以倾颓也。先帝在时，每与臣论此事，未尝不叹息痛恨于桓㉔、灵㉕也！侍中、尚书、长史、参军，此悉贞亮㉖死节之臣，愿陛下亲之信之，则汉室之隆，可计日而待也。

臣本布衣，躬耕于南阳㉗，苟全性命于乱世，不求闻达㉘于诸侯。先帝不以臣卑鄙㉙，猥㉚自枉屈㉛，三顾臣于草庐之中，咨臣以当世之事。由是感激，遂许先帝以驱驰㉜。后值倾覆㉝，受任于败军之际，奉命于危难之间，尔来二十有一年矣！先帝知臣谨慎，故临崩寄[34]臣以大事也。受命以来，夙夜忧叹，恐托付不效，以伤[35]先帝之明；故五月渡泸[36]，深入不毛。今南方已定，兵甲已足，当奖率三军，北定中原；庶竭驽钝[37]，攘除奸凶[38]，兴复汉室，还于旧都[39]。此臣之所以报先帝而忠陛下之职分也。至于斟酌损益，进尽忠言，则攸之、祎、允之任也。

愿陛下托臣以讨贼兴复之效，不效，则治臣之罪，以告先帝之灵。若无兴德之言，则责攸之、祎、允等之慢[40]，以彰其咎。陛下亦宜自谋，以咨诹善道，察纳雅言，深追先帝遗诏，臣不胜受恩感激！

今当远离，临表涕零，不知所言。

注释

①先帝：指蜀昭烈帝刘备。

②崩殂：天子之死曰「崩」；殂，也是死的意思。

③益州：汉行政区域十三刺史郡之一，地有今四川省、甘肃省和陕西省一带，当时治所在成都。

④疲敝：贫弱。

⑤秋：时候，日子。古人多以「秋」称多事之时。

⑥恢弘：发扬使之扩大。

⑦妄自菲薄：毫无理由地自己轻视自己。

⑧失义：失当，不合大义。

⑨宫中：指宫庭内朝中的亲近侍臣，如文中的侍中、侍郎之类。

⑩府中：指丞相府中的官吏，如文中的长史、参军等。

⑪陟：升官进位。

⑫臧否：好坏、善恶。

⑬犯科：触犯法律中的科条。

⑭有司：有关的专管官署或官吏。

⑮侍中、侍郎：都是皇帝左右的亲近侍臣。

⑯裨补缺漏：补救疏漏。

⑰向宠：蜀大臣向朗的兄子，后主时先后任中都督和中领军。

⑱淑均：善良公平。

⑲试用于昔日：指向宠曾随刘备伐吴，秭归兵败，唯他的营垒得到保全。

⑳举宠为督：当时蜀大臣拟推举向宠为中都督，主管官廷禁军的事务。

㉑行阵：指部队。

㉒先汉：犹言前汉，西汉。

㉓后汉：指东汉。

㉔桓：东汉桓帝刘志。

㉕灵：东汉灵帝刘宏。

㉖贞亮：坚贞诚实。亮，忠诚坦白。

㉗南阳：汉郡名，治所在宛（今河南省南阳市）。

㉘闻达：有名声。

㉙卑鄙：地位低下，少见识。

㉚猥：谦词。谦卑地。

㉛枉屈：屈尊的意思。

㉜驱驰：喻为人效劳。

㉝倾覆：指建安十三年（二〇八），曹操南侵荆州时，刘备在当阳长坂被击破一事。

㉞寄：托付。

㉟伤：有损。

㊱五月渡泸：建兴三年（二二五）南中诸郡反叛，诸葛亮率军出征，渡过泸水，平定南中四郡。泸，泸水，即金沙江。

㊲驽钝：这里以劣马（驽）和不锋利的刀（钝）来比喻才能的平庸。

㊳奸凶：指曹魏。

㊴旧都：指汉朝曾建都的长安和洛阳。

㊵慢：失职。

点评

《前出师表》，是中国三国时代蜀汉丞相诸葛亮写给后主的一篇表。向后主提出三项建议：广开言路，严明赏罚，亲贤远佞。这三项建议，既是安定后方的措施，也是施政的正理。

为了治愚医顽，作者在行文上颇费深思。表文开笔即言『先帝创业未半而中道崩殂』，深诫后人继承父业不可废，继而以『今天下三分』，点明天下大势，直言『益州疲敝』，大有危在旦夕之势。这样将是否广开言路，从关系国家存亡的角度、忠于先帝的高度来说，有振聋发聩的作用，激发继承遗志的感情。

表文表达了作者审慎勤恳、以伐魏兴汉为己任的忠贞之志和诲诫后主不忘先帝遗愿的孜孜之意，情感真挚，文笔酣畅，是古代散文中的杰出作品。

后出师表（诸葛亮）

先帝虑汉①、贼②不两立，王业不偏安③，故托臣以讨贼也。以先帝之明，量臣之才，故知臣伐贼，才弱敌强也。然不伐贼，王业亦亡；惟坐而待亡，孰与④伐之？是故托臣而弗疑也。

臣受命之日，寝不安席，食不甘味。思惟北征，宜先入南[5]。故五月渡泸，深入不毛，并日[6]而食；臣非不自惜也，顾[7]王业不可得偏全于蜀都[8]，故冒危难，以奉先帝之遗意也。而议者[9]谓为非计。今贼适疲于西，又务于东，兵法乘劳，此进趋[10]之时也。谨陈其事如左：

高帝[11]明并日月，谋臣渊深[12]，然涉险被创，危然后安。今陛下未及高帝，谋臣不如良[13]、平[14]，而欲以长计[15]取胜，坐定天下，此臣之未解[16]一也。

刘繇[17]、王朗[18]各据州郡，论安言计，动引圣人，群疑满腹，众难塞胸，今岁不战，明年不征，使孙策[19]坐大，遂并江东[20]，此臣之未解二也。

曹操智计，殊绝[21]于人，其用兵也，仿佛孙[22]、吴[23]，然困于南阳[24]，险于乌巢[25]，危于祁连[26]，偪于黎阳[27]，几败北山[28]，殆死潼关[29]，然后伪定[30]一时耳。况臣才弱，而欲以不危而定之，此臣之未解三也。

曹操五攻昌霸[31]不下，四越巢湖[32]不成，任用李服[33]而李服图之，委任夏侯[34]而夏侯败亡，先帝每称操为能，犹有此失，况臣驽下，何能必胜？此臣之未解四也。

自臣到汉中[35]，中间期年[36]耳，然丧赵云、阳群、马玉、阎芝、丁立、白寿、刘郃、邓铜等及曲长、屯将七十余人，突将、无前、賨叟、青羌、散骑、武骑一千余人。此皆数十年之内所纠合四分之精锐，非一州之所有；若复数年，则损三分之二也，当何以图[37]敌？此臣之未解五也。

今民穷兵疲，而事不可息；事不可息，则住与行劳费正等。而不及今图之，欲以一州之地，与贼持久，此臣之未解六也。

夫[38]难平[39]者，事也。昔先帝败军于楚[40]，当此时，曹操拊手[41]，谓天下以定[42]。然后先帝东连吴越，西取巴蜀，举兵北征，夏侯授首[43]，此操之失计，而汉事将成也。然后吴更违盟，关羽[44]毁败，秭归蹉跌[45]，曹丕[46]称帝。凡事如是，难可逆见[47]。臣鞠躬尽力[48]，死而后已；至于成败利钝[49]，非臣之明所能逆睹[50]也。

注释

① 汉：指蜀汉。
② 贼：指曹魏。古时往往把敌方称为贼。
③ 偏安：指王朝局处一地，自以为安。
④ 孰与：谓两者相比，应取何者。
⑤ 入南：指诸葛亮深入南中，平定四郡事。
⑥ 并日：两天合作一天。
⑦ 顾：这里有「但」的意思。
⑧ 蜀都：此指蜀汉之境。
⑨ 议者：指对诸葛亮决意北伐发表不同意见的官吏。
⑩ 进趋：快速前进。

⑪高帝：刘邦死后的谥号为『高皇帝』。

⑫渊深：指学识广博，计谋高深莫测。

⑬良：张良，汉高祖的著名谋士，与萧何、韩信被称为『汉初三杰』。

⑭平：陈平，汉高祖的著名谋士，后位至丞相。

⑮长计：长期相持的打算。

⑯未解：不能理解。胡三省认为『解』应读作『懈』，未解，即未敢懈怠之意。两说皆可通。

⑰刘繇：字正礼，东汉末年任扬州刺史，因受淮南大军阀袁术的逼迫，南渡长江，不久被孙策攻破，退保豫章（今江西省南昌市），后为豪强笮融攻杀。

⑱王朗：字景兴，东汉末年为会稽（治所在今浙江省绍兴市）太守，孙策势力进入江浙时，兵败投降，后为曹操所征召，仕于曹魏。

⑲孙策：字伯符，孙权的长兄。

⑳江东：指长江中下游地区。

㉑殊绝：极度超出的意思。

㉒孙：指孙武，春秋时人，曾为吴国将领，善用兵，著有兵法十三篇。

㉓吴：指吴起，战国时秦大将，在统一战争中屡建战功。

㉔困于南阳：建安二年（一九七）曹操在宛城（今河南省南阳市，汉时南阳郡的治所）为张绣所败，身中流矢。

㉕险于乌巢：建安五年（二〇〇年），曹操与袁绍在官渡相持，因乏粮难支，在荀攸等人的劝说下，坚持不退，后焚烧掉袁绍在乌巢所屯的粮草，才得险胜。

㉖危于祁连：这里的『祁连』，据胡三省说，可能是指邺（在今河北省磁县东南）附近的祁山，当时（二〇四）曹操围邺，袁绍少子袁尚败守祁山（在邺南面），操再败之，并还围邺城，险被袁将审配的伏兵所射中。

㉗偪于黎阳：建安七年（二〇二年）五月，袁绍死，袁谭、袁尚固守黎阳（今河南浚县东），曹操连战不克。

㉘几败北山：事不详。

㉙殆死潼关：建安十六年（二一一年），曹操与马超、韩遂战于潼关，在黄河边与马超军遭遇，曹操避入舟中，马超骑兵沿河追射之。殆，几乎。

㉚伪定：此言曹氏统一北中国，僭称国号。诸葛亮以蜀汉为正统，因斥曹魏为『伪』。

㉛昌霸：又称昌豨。建安四年（一九九年），刘备袭取徐州，东海昌霸叛曹，郡县多归附刘备。

㉜四越巢湖：曹魏以合肥为军事重镇，巢湖在其南面。而孙吴在巢湖以南长江边上的须濡口设防，双方屡次在此一带作战。

㉝李服：建安四年，车骑将军董承根据汉献帝密诏，联络将军吴子兰、王服和刘备等谋诛曹操，事泄，董承、吴子兰、王服等被杀。

㉞夏侯：指夏侯渊。曹操遣夏侯渊镇守汉中。

㉟汉中：郡名，以汉水上流（沔水）流经而得名，治所在南郑（今陕西省汉中县东）。

㊱期年：一周年。

㊲图：对付。

㊳夫：发语词。

㊴平：同『评』，评断。

㊵败军于楚：指建安十三年（二〇八），曹操大军南下，刘备在当阳长坂被击溃事。当阳属古楚地，故云。

㊶拊手：拍手。

㊷以定：已定。以，同『已』。

㊸授首：交出脑袋。

㊹关羽：字云长，蜀汉大将。

㊺蹉跌：失坠，喻失败。

㊻曹丕：字子桓，曹操子。在二二〇年废汉献帝为山阳公，建立魏国，是为魏文帝。

㊼逆见：预见，预测。

㊽鞠躬尽力：指为国事用尽全力。一作『鞠躬尽瘁』。

㊾利钝：喻顺利或困难。

㊿逆覩：亦即『逆见』，预料。

点评

《后出师表》作于第一次北伐失败之后，大臣们对再次北出征伐颇有异议。诸葛亮立论于汉贼不两立和敌强我弱的严峻事实，向后主阐明北伐不仅是为实现先帝的遗愿，也是为了蜀汉的生死存亡，不能因『议者』的不同看法而有所动摇。正因为本表涉及军事态势的分析，事关蜀汉的安危，其忠贞壮烈之气，似又超过前表。表中『鞠躬尽力，死而后已』之句，正是作者在当时形势下所表露的坚贞誓言，令人读来肃然起敬。

陈情表（李密）

臣密言：臣以险衅[1]，夙[2]遭闵凶[3]。生孩六月，慈父见背[4]；行年四岁，舅夺母志[5]。祖母刘愍臣孤弱，躬亲抚养。臣少多疾病，九岁不行，零丁孤苦，至于成立[6]。既无叔伯，终鲜兄弟，门衰祚[7]薄，晚有儿息[8]。外无期功强近之亲[9]，内无应门五尺之僮[10]，茕茕孑立[11]，形影相吊[12]。而刘夙婴[13]疾病，常在床蓐[14]，臣侍汤药，未曾废离[15]。

逮奉圣朝，沐浴清化[16]。前太守[17]臣逵，察[18]臣孝廉[19]；后刺史[20]臣荣，举臣秀才[21]。臣以供养无主，辞不赴命。诏书特下，拜[22]臣郎中[23]，寻[24]蒙国恩，除[25]臣洗马[26]。猥[27]以微贱，当侍东宫[28]，非臣陨首[29]所能上报。臣具以表闻，辞不就职。诏书切峻[30]，责臣逋慢[31]；郡县逼迫，催臣上道；州司[32]临门，急于星火。臣欲奉诏奔驰，则刘病日笃[33]，欲苟顺私情，则告诉不许。臣之进退，实为狼狈。

伏惟[34]圣朝以孝治天下，凡在故老[35]，犹蒙矜育[36]，况臣孤苦，特为尤甚。且臣少仕伪朝[37]，历职郎署[38]，本图宦达，不矜[39]名节。今臣亡国贱俘，至微至陋，过蒙拔擢，宠命[40]优渥[41]，岂敢盘桓，有所希冀！但以刘日薄西山，气息奄奄，人命危浅，朝不虑夕。臣无祖母，无以至今日，祖母无臣，无以终余年，祖孙二人，更相为命，是以区区[42]不能废远。臣密今年四十有四，祖母刘今年九十有六，是臣尽节于陛下之日长，报刘之日短也。乌鸟私情[43]，愿乞终养。

臣之辛苦，非独蜀之人士及二州[44]牧伯[45]所见明知，皇天后土[46]，实所共鉴，愿陛下矜愍愚诚[47]，听臣微志，庶刘侥幸，保卒余年。臣生当陨首，死当结草[48]。臣不胜犬马[49]怖惧之情，谨拜表以闻。

注释

①险衅：灾难祸患。指命运坎坷。

②夙：早。这里指幼年时。

③闵凶：忧患。

④背：背弃。指死亡。

⑤舅夺母志：指由于舅父的意志侵夺了李密母亲守节的志向。

⑥成立：长大成人。

⑦祚：福泽。

⑧儿息：儿子。

⑨期功强近之亲：指比较亲近的亲戚。

⑩应门五尺之僮：指照管客来开门等事的小童。

⑪茕茕孑立：生活孤单无靠。

⑫吊：安慰。

⑬婴：纠缠。

⑭蓐：通「褥」，褥子。

⑮废离：废养而远离。

⑯清化：清明的政治教化。

⑰太守：郡的地方长官。

⑱察：考察。这里是推举的意思。

⑲孝廉：当时推举人才的一种科目，孝，指孝顺父母。廉，指品行廉洁。

⑳刺史：州的地方长官。

㉑秀才：当时地方推举优秀人才的一种科目，由州推举，与后来经过考试的秀才不同。

㉒拜：授官。

㉓郎中：官名。晋时各部有郎中。

㉔寻：不久。

㉕除：任命官职。

㉖洗马：官名。

㉗猥：辱。自谦之词。

㉘东宫：太子居住的地方。这里指太子。

㉙陨首：丧命。

㉚切峻：急切严厉。

㉛逋慢：回避怠慢。

㉜州司：州官。

㉝日笃：日益沉重。

㉞伏惟：旧时奏疏、书信中下级对上级常用的敬语。

㉟故老：遗老。

㊱矜育：怜惜抚育。

㊲伪朝：指蜀汉。

㊳历职郎署：指曾在蜀汉官署中担任过郎官职务。

㊴矜：矜持爱惜。

㊵宠命：恩命。指拜郎中、洗马等官职。

㊶优渥：优厚。

㊷区区：形容感情恳切。

㊸乌鸟私情：相传乌鸦能反哺，所以常用来比喻子女对父母的孝养之情。

㊹二州：指益州和梁州。

㊺牧伯：刺史。上古一州的长官称牧，又称方伯，所以后代以牧伯称刺史。

㊻皇天后土：犹言天地神明。

㊼愚诚：愚拙的至诚之心。

㊽结草：据《左传·宣公十五年》记载，晋国大夫魏武子临死的时候，嘱咐他的儿子魏颗，把他的遗妾杀死以后殉葬。魏颗没有照他父亲说的话做。后来魏颗跟秦国的杜回作战，看见一个老人把草打了结把杜回绊倒，杜回因此被擒。到了晚上，魏颗梦见结草的老人，他自称是没有被杀死的魏武子遗妾的父亲。后来就把『结草』用来作为报答恩人心愿的表示。

㊾犬马：作者自比，表示歉卑。

点评

《陈情表》为西晋李密写给晋武帝的奏章。文章叙述祖母抚育自己的大恩，以及自己应该报养祖母的大义；除了感谢朝廷的知遇之恩以外，又倾诉自己不能从命的苦衷。叙述委婉，辞意恳切，语言简洁生动，富有表现力与强烈的感染力。相传晋武帝看了此表后很受感动，特赏赐给李密奴婢二人，并命郡县按时给其祖母供养。该文被认定为中国文学史上抒情文的代表作之一，有『读诸葛亮《出师表》不流泪不忠，读李密《陈情表》不流泪者不孝』的说法。

兰亭集序（王羲之）

永和①九年，岁在癸丑，暮春②之初，会于会稽③山阴④之兰亭，修禊⑤事也。群贤⑥毕至，少长⑦咸⑧集。此地有崇山峻岭⑨，茂林修竹⑩，又有清流激湍⑪，映带⑫左右，引以为流觞曲水⑬，列坐其次⑭。虽无丝竹管弦之盛⑮，一觞一咏⑯，亦足以畅叙幽情⑰。

是日也⑱，天朗气清，惠风⑲和畅。仰观宇宙之大，俯察品类之盛⑳，所以㉑游目骋㉒怀，足以极㉓视听之娱，信㉔可乐也。

夫人之相与，俯仰一世㉕。或取诸㉖怀抱，晤言㉗一室之内；或因寄所托，放浪形骸之外㉘。虽趣舍万殊㉙，静躁㉚不同，当其欣于所遇，暂得于己，快然自足㉛，不知老之将至㉜；及其所之既倦㉝，情随事迁㉞，感慨系之㉟矣。向㊱之所欣，俯仰之间，已为陈迹㊲，犹不能不以之兴怀㊳，况修短随化㊴，终期㊵于尽！古人云：『死生亦大矣』㊶，岂不痛哉！

每览昔人兴感之由，若合一契㊷，未尝不临文嗟悼㊸，不能喻㊹之于怀。固知一死生为虚诞，齐彭殇为妄作㊺。后之视今，亦犹今之视昔，悲夫！故列叙时人㊻，录其所述㊼，虽世殊事异㊽，所以兴怀，其致一也㊾。后之览者㊿，亦将有感于斯文(51)。

注释

①永和：晋穆帝年号。

②暮春：春季的末一个月。

③会稽：郡名，包括今浙江西部、江苏东南部一带地方。

④山阴：今浙江绍兴。

⑤修禊：这次聚会是为了举行禊礼。

⑥群贤：指谢安等三十二位社会的名流。贤，形容词做名词。

⑦少长：指不同年龄的社会名流。

⑧咸：都。

⑨崇山峻岭：高峻的山岭。

⑩修竹：高高的竹子。

⑪激湍：流势很急的水。

⑫映带：映衬，围绕。

⑬流觞曲水：用漆制的酒杯盛酒，放入弯曲的水道中任其漂流，杯停在某人面前，某人就引杯饮酒。这是古人一种劝酒取乐的方式。流，使动用法。

⑭列坐其次：列坐在曲水之旁。列坐，排列而坐。次，旁边，水边。

⑮丝竹管弦之盛：演奏音乐的盛况。盛，盛大。

⑯一觞一咏：喝点酒，作点诗。

⑰幽情：幽深内藏的感情。

⑱是日也：这一天。

⑲惠风：和风。

⑳品类之盛：万物的繁多。品类，指自然界的万物。

㉑所以：用来。

㉒骋：奔驰，敞开。

㉓极：穷尽。

㉔信：实在。

㉕夫人之相与，俯仰一世：人与人相交往，很快便度过一生。夫，引起下文的助词。相与，相处、相交往。俯仰，一俯一仰之间，表示时间的短暂。

㉖取诸：从……中取得。

㉗晤言：坦诚交谈。

㉘因寄所托，放浪形骸之外：就着自己所爱好的事物，寄托自己的情怀，不受约束，放纵无羁的生活。因，依、随着。寄，寄托。所托，所爱好的事物。

㉙趣舍万殊：各有各的爱好。趣，趋向，取向。舍，舍弃。万殊，千差万别。

㉚静躁：安静与躁动。

㉛快然自足：感到高兴和满足。

㉜不知老之将至：不知道衰老将要到来。

㉝所之既倦：（对于）所喜爱或得到的事物已经厌倦。之，往、到达。

㉞情随事迁：感情随着事物的变化而变化。

㉟感慨系之：感慨随着产生。系，附着。

㊱向：过去、以前。

㊲陈迹：旧迹。

㊳以之兴怀：因它而引起心中的感触。以，因。之，指『向之所欣……以为陈迹』。兴，发生、引起。

㊴修短随化：寿命长短听凭造化。化，自然。

㊵期：至、及。

㊶死生亦大矣：死生毕竟是件大事啊。

㊷契：符契，古代的一种信物。在符契上刻上字，剖而为二，各执一半，作为凭证。

㊸临文嗟悼：读古人文章时叹息哀伤。临，面对。

㊹喻：明白。

㊺固知一死生为虚诞，齐彭殇为妄作：本来知道把死和生等同起来的说法是不真实的，把长寿和短命等同起来的说法是妄造的。

㊻列叙时人：一个一个记下当时与会的人。

㊼录其所述：录下他们作的诗。

㊽虽世殊事异：纵使时代变了，事情不同了。虽，纵使。

㊾其致一也：人们的思想情趣是一样的。

㊿后之览者：后世的读者。

(51)斯文：这次集会的诗文。

点评

本文作为一本兰亭诗集的序言。首段记叙兰亭聚会盛况，并写出与会者的深切感受，而归结到『乐』字上面。笔势疏朗简净，毫无斧凿痕迹。第二段紧承上文的『乐』字，感慨人生短暂，盛事不常，层层推进，最后引用孔子所说的『死生亦大矣』一句，道出了作者心中的『痛』之所在。最后一段紧承上文『死生亦大矣』感发议论，指出尽管『事殊事异』，但『所以兴怀，其一致也』，从理论上说清了所以要编《兰亭诗集》的原因。文字收束得直截了当，开发的情思却绵绵不绝。全文随着感情的变化而波澜起伏，疏朗简净而韵味深长，语言玲珑剔透，两两相对，琅琅上口，代表了王羲之的散文风格，是古代散文中的精品。